Jussara Pretti Korngold

O PRISMA DA ALMA

Amor, Perda e o Despertar ao Longo das Estações da Vida

Jussara Pretti Korngold

O PRISMA DA ALMA

Amor, Perda e o Despertar ao Longo das Estações da Vida

O Prisma da Alma: Amor, Perda e o Despertar ao Longo das Estações da Vida

Publicado por: United States Spiritist Council
ISBN: 978-1-948109-50-5
LCCN: 2026937988

Créditos:
Design da Capa e Diagramação Interna: Diego Henrique e Jussara Korngold
Editora: Lab Editorial

Primeira edição: 2026
Impresso nos Estados Unidos da América

Dedicatória

Àqueles que amaram e perderam
e descobriram que o amor não se desfaz com a ausência.

Àqueles que atravessam o silêncio do luto
com o coração ainda cheio de lembranças.

Que estas páginas lhe recordem
que o luto não é o fim do amor,
mas a sua permanência invisível —
uma das formas mais profundas
pelas quais o amor continua a viver.

"O prisma não fratura a luz. Ele revela o que a luz já contém."

Assim como a luz branca se desdobra nas cores do prisma, a experiência humana da perda revela múltiplas dimensões da alma.
Cada faceta dessa jornada ilumina um aspecto do amor, da perda e da transformação.

Sumário

Prefácio

O Prisma

Costumamos falar do luto no singular, como se fosse um peso único a ser carregado ou um obstáculo solitário a ser superado. No entanto, qualquer pessoa que tenha caminhado pelo terreno de uma perda real sabe que o luto nunca é uma coisa só. Ele muda de tom. Altera sua temperatura. Revela faces diferentes, conforme aquilo que foi perdido e quem éramos quando isso aconteceu. O luto é plural — uma lenta refração da alma.

A imagem que melhor expressa essa complexidade é o prisma.

O prisma recebe um feixe de luz branca e o refrata em um espectro de cores. A luz em si não se quebra nem se diminui; ela se revela. Aquilo que sempre esteve contido nela torna-se visível apenas quando atravessa a resistência.

A perda não cria o amor; ela o revela. Quando o amor encontra a resistência da separação, refrata-se em saudade, tristeza, raiva, medo, memória, gratidão e, por fim, compaixão. Nenhuma dessas cores é acidental. Cada uma é uma faceta por meio da qual a consciência aprende a se aprofundar.

Este livro acompanha o desdobrar do luto através de seu prisma. Começa no espectro visível — nas cores da infância, da adolescência, da vida adulta e da maturidade, e nas perdas que acompanham a saúde, a identidade, a beleza e o status. Em seguida, avança para além da cor, em direção à estrutura — ao fio que nos une, ao véu que nos confronta e ao labirinto que nos conduz para dentro. Finalmente, alcança os elementos — o fogo que purifica, o ouro que refina e a luz reintegrada, que retorna não como ingenuidade, mas como maturidade.

O prisma não promete a ausência da escuridão. Ele apenas revela que, mesmo quando a luz parece fraturada, ela continua sendo luz. Que estas páginas possam ajudá-lo a reconhecer suas próprias cores dentro da perda — e a descobrir que aquilo que foi refratado não foi destruído.

Introdução

Aprendendo a Ver através do Prisma

Este livro não nasceu apenas da teoria. Ele emergiu de décadas ouvindo, estudando, observando, tropeçando e retornando — repetidas vezes — às perguntas que a vida se recusa a nos deixar ignorar: perda, sofrimento, impermanência, amor, morte e o significado que atribuímos ao que não pode ser evitado.

Por mais de trinta anos, tive o privilégio de aprender com duas figuras luminosas no campo da psicologia espiritual e do pensamento espírita: Joanna de Ângelis e Divaldo Pereira Franco[1]. Suas obras moldaram não apenas minha compreensão intelectual sobre o luto e a transformação interior, mas também minha própria maneira de habitar a vida. Mais do que conceitos, eles ofereceram uma lente. Mais do que respostas, ofereceram um método — fundamentado na responsabilidade ética, na lucidez psicológica e na compaixão pela condição humana.

Não escrevo a partir de uma posição de autoridade, mas de aprendizado. Escrevo como alguém que continua aprendendo ao viver — ao testemunhar o sofrimento em mim mesma e nos outros, e ao reconhecer que os temas mais inevitáveis da vida são também os mais transformadores. Esta obra aborda o luto não como

1 Para saber mais sobre a vida e as extensas obras humanitárias e literárias de **Joanna de Ângelis** e **Divaldo Franco**, visite a **Mansão do Caminho** (https://mansaodocaminho.com.br) or explore their translated psychological series at Leal Publisher (https://lealpublisher.com).

patologia ou punição, mas como um movimento da consciência. Aquilo que parece fragmentado na perda pode, com o tempo, revelar uma coerência insuspeitada.

A jornada traçada nestas páginas não se move em linha reta. Ela se desdobra, aprofunda-se e retorna. O que inicialmente parece uma ruptura pode, eventualmente, reorganizar a paisagem interior, permitindo que a alma encontre sua própria coerência luminosa.

A intenção aqui não é ensinar sobre o luto "de cima", mas refletir sobre ele "de dentro". Estas páginas são oferecidas como companhia na travessia — uma investigação compartilhada sobre como a ruptura reorganiza o significado, como o amor sobrevive à mudança de forma e como o sofrimento, quando ouvido em vez de silenciado, torna-se uma escola para a consciência.

Embora estes capítulos estejam organizados segundo as fases da vida e diferentes facetas da perda, eles não precisam ser lidos necessariamente em ordem. Você pode sentir-se atraído pela Faceta Azul, com as sombras da infância, ou pela Faceta Prateada, que reflete sobre o envelhecimento. Convido você a percorrer estas páginas com paciência, no seu próprio ritmo, reconhecendo que não fomos feitos para contornar a perda; fomos feitos para atravessá-la — lenta, imperfeita e humanamente.

O que parece ser um fim pode revelar-se transformação. O que à primeira vista parece o estilhaçar da luz pode, no fim, tornar-se a maneira pela qual a luz aprende a brilhar com maior profundidade.

Jussara Pretti Korngold

New York, 2026

Capítulo 1 | O Prisma

A Refração da Alma

O luto é o primeiro lugar onde a alma aprende que o amor pode permanecer mesmo quando a presença desaparece.

Frequentemente imaginado como algo que pertence apenas às fases mais tardias da vida, o sofrimento é equivocadamente associado à vida adulta — como se o luto precisasse de anos de acumulação antes de poder entrar na história humana. No entanto, ele não espera que o tempo autorize sua chegada. Ele entra na experiência humana no momento em que nasce o apego. Amar já é expor-se à possibilidade da ausência. Mesmo antes de o intelecto conseguir nomear o que foi perdido, o coração começa a sentir o tremor da separação.

Mais do que uma reação emocional à morte, o luto é uma experiência fundamental de ruptura — o momento em que a continuidade é interrompida. A alma, acostumada aos vínculos, de repente encontra o limite da forma. Algo que estava presente torna-se ausente. Algo que estava encarnado retira-se do campo dos sentidos. O que se rompe não é apenas uma relação, mas uma estrutura de significado. O mundo que incluía um certo rosto, uma certa voz, um certo ritmo cotidiano já não existe da mesma maneira. A paisagem familiar se transforma.

Para conter tamanha complexidade, a imagem do prisma torna-se especialmente iluminadora. Um prisma recebe um único feixe de luz branca. Ele não fratura a luz nem a enfraquece. Ao contrário, revela aquilo que a luz já contém — cores, camadas e profundidades antes invisíveis aos olhos. Aquilo que parecia singular torna-se plural. O que parecia inteiro revela nuances inesperadas.

À medida que o prisma gira, o luto torna-se não apenas perda, mas uma linguagem por meio da qual a alma, lentamente, aprende a ver a si mesma.

Essa ruptura não é apenas emocional; é também biológica e neurológica. Pesquisas contemporâneas mostram que o luto intenso ativa circuitos de dor no cérebro, sistemas de apego semelhantes aos envolvidos na dependência e respostas de estresse que afetam a imunidade e a saúde cardiovascular. É por isso que o luto inicial muitas vezes se assemelha a uma abstinência: o corpo está reaprendendo a existir sem uma presença reguladora entrelaçada aos seus ritmos. O amor deixa marcas no sistema nervoso. Quando o amor é interrompido, todo o organismo precisa reorganizar-se — não apenas psicologicamente, mas também fisiologicamente. O luto é, portanto, o corpo e a alma aprendendo a habitar a ausência.

Ele começa no sistema nervoso, mas não permanece ali. O que se inicia como choque biológico gradualmente se desdobra em questões de significado, identidade e continuidade.

Na perda, mais do que emoções são abaladas. A própria identidade, a percepção e o senso de coerência tremem. Aquilo que antes oferecia orientação dissolve-se em incerteza. O mundo parece menos confiável, menos previsível, menos inteiro. A arquitetura invisível — aquelas suposições que sustentavam silenciosamente a vida cotidiana — começa a vacilar. Ainda é possível atravessar os mesmos cômodos, falar com as mesmas pessoas, seguir as rotinas habituais, mas algo essencial mudou sob a superfície. A realidade passa a parecer sutilmente estranha, como se estivéssemos habitando uma versão do mundo que já não pertence inteiramente ao ser que existia antes da perda.

Em culturas que valorizam produtividade, contenção e eficiência, o luto muitas vezes é confundido com fraqueza. O sofrimento pode ser interpretado como falta de resiliência ou de autocontrole. No entanto, a tristeza não é ausência de força — é evidência de amor. Onde não houve vínculo, não pode haver luto. A dor não é uma falha da condição humana; é a marca da conexão.

Para além da dor emocional, existe o sofrimento existencial. O luto psicológico reflete a dor da ausência, o anseio por aquilo que já não está presente. Os antigos gregos chamavam essa experiência de *póthos*: a dor da ausência de uma presença — um anseio que nasce não do vazio, mas do amor. O sofrimento existencial surge quando a perda desestrutura o próprio significado, quando o luto pergunta não apenas *Como viver sem isto?*, mas também *Quem sou eu agora?* e *O que a vida pede de mim a partir daqui?*

Do ponto de vista psicológico, o luto não é uma única emoção, mas uma constelação: tristeza, raiva, medo, culpa, alívio, saudade, confusão e, às vezes, até paz. Essas emoções não se desenrolam em sequência ordenada. Elas coexistem, se sobrepõem, se contradizem e surgem sem aviso. Muitas pessoas acreditam estar "sofrendo de maneira errada" porque sua experiência interior parece caótica. Na verdade, essa desorganização reflete o afrouxamento das antigas estruturas de identidade. O que se perde não é apenas uma pessoa ou relação, mas papéis, certezas, projeções de futuro e a narrativa que cada um contava a si mesmo sobre quem era no mundo.

Ainda assim, esse afrouxamento não é desprovido de sentido. Carl Jung observou que, antes que ocorra uma transformação psíquica, a organização anterior do ego frequentemente se suaviza ou se desfaz. Aquilo que parece caos pode ser um limiar. A psique precisa soltar aquilo que acreditava ser para poder tornar-se aquilo que ainda não aprendeu a ser. O luto inicia esse processo não por escolha, mas por necessidade. Ele confronta a consciência com limites que preferiríamos evitar: a impermanência, a vulnerabilidade e a impossibilidade de preservar o amor por meio do controle.

O que a psicologia descreve como reorganização, a mitologia narra como descida.

Joseph Campbell, grande intérprete dos mitos e dos caminhos iniciáticos da experiência humana, observou que a jornada do herói raramente começa com triunfo. Ela começa com ruptura — com exílio, perda e a interrupção da vida ordinária. Nesse sentido, o luto é um dos chamados mais universais à transformação. Ele empurra a alma para além dos territórios familiares, levando-a a paisagens que não escolheu. Seja bem-vinda ou resistida, a descida já começou. O velho mundo já não sustenta. Um limiar foi atravessado.

Poucos mitos retratam essa descida com tanta intensidade quanto a história de Orfeu. Quando Eurídice morre, Orfeu desce ao mundo dos mortos em busca de recuperar o que perdeu. Seu impulso é profundamente humano: quando o luto nos atinge, desejamos reverter a própria realidade. Queremos desfazer o irrevogável. Imaginamos que, se mergulharmos fundo o bastante na dor ou na memória, poderemos trazer o ser amado de volta à forma. Orfeu recebe uma chance condicional: Eurídice poderá segui-lo de volta, desde que ele não se volte para olhar para ela antes de alcançar a superfície. A condição revela a essência psicológica do luto: caminhar sem garantias, confiar sem confirmação visível. Incapaz de suportar a incerteza, ele se volta. Eurídice desaparece novamente. O mito não o condena; ele ilumina a luta inerente à transição. Orfeu retorna transformado — não porque recuperou o que perdeu, mas porque enfrentou a ausência diretamente. Assim também ocorre com o luto: descemos esperando recuperar o que foi tirado, mas emergimos transformados.

Uma visão complementar aparece no mito de Deméter e Perséfone. Quando Perséfone é levada ao mundo subterrâneo, a dor de Deméter torna-se cósmica. Ela retira sua vitalidade da própria terra. As colheitas fracassam. O inverno se espalha. A vida espelha a aridez interior. No entanto, o mito recusa a permanência do desespero. Um ritmo é restaurado. Perséfone passa a pertencer a dois mundos — parte do ano na superfície, parte no subterrâneo. A vida recomeça, embora para sempre transformada. A lição é compassiva: após uma perda profunda, frequentemente passamos a habitar dois mundos ao mesmo tempo. Parte de nós retorna à vida cotidiana; outra parte permanece com aquilo que foi perdido. A cura não elimina o inverno — ela restaura o ritmo.

Onde o mito fala por símbolos, a filosofia busca coerência.

Na perspectiva espírita, essa coerência se aprofunda ainda mais. Nas obras de Allan Kardec — educador e pesquisador do século XIX que sistematizou o Espiritismo como uma estrutura filosófica, científica e ética — o ser humano é compreendido como uma alma imortal temporariamente vivendo uma experiência física. A morte, portanto, não é aniquilação, embora constitua uma separação real na forma e na presença. O conhecimento espiritual não elimina o luto; ele o recontextualiza. O amor não termina com a morte, assim como o anseio também não. A persistência da saudade não é falha de fé, mas testemunho da continuidade dos vínculos.

Sob uma perspectiva psicológica espírita, Joanna de Ângelis observa que as experiências da vida não criam a essência do ser, mas revelam conteúdos latentes do espírito. As circunstâncias da existência funcionam como estímulos que fazem emergir aquilo que já se encontra inscrito na consciência profunda.

A alma traz experiências antigas, enquanto a personalidade se desenvolve gradualmente nas condições da vida terrestre. Quando ocorre uma perda — especialmente nos primeiros anos de vida — ela pode cristalizar-se em ansiedade de abandono, controle excessivo ou entorpecimento emocional quando é negada ou silenciada.

No entanto, quando acompanhada de presença, de verdade adaptada à capacidade de compreensão de cada indivíduo e de acolhimento emocional, a experiência da perda pode cultivar resiliência, empatia e sensibilidade moral. O que molda o futuro não é apenas a perda em si, mas a forma como ela é interpretada, nomeada e sustentada dentro de uma presença amorosa.

Essa perspectiva também alerta contra o *bypass espiritual* — a tentativa de silenciar a verdade emocional por meio de explicações metafísicas. O luto precisa ser vivido, não negado. A compreensão espiritual não cancela o sofrimento; ela amplia o horizonte.

O luto não é ilusão nem punição.

Ele é convite.

O luto pede algo muito específico à alma. Pede que deixemos de negociar com a realidade e permitamos que a perda seja real. Pede que o amor evolua — que reconheça que o amor não desaparece, mas muda de forma. Pede que a identidade se flexibilize e se reorganize, reconhecendo que não somos apenas aquilo que perdemos, mas também já não somos quem éramos antes. Acima de tudo, pede que honremos o tempo — não como inimigo a ser vencido, mas como aliado na lenta maturação da consciência.

Quando carregado sozinho, o luto pode endurecer-se em medo de apego, desconfiança na continuidade ou na crença silenciosa de que amar profundamente é perigoso. Quando acompanhado por presença e verdade, ele se torna o lugar onde o coração aprende a amar sem exigir permanência. A perda não retira o amor; ela revela o quanto ele já estava enraizado. O que desaparece é a ilusão de que o amor pode ser protegido da vulnerabilidade. O que permanece é a descoberta de que o amor, uma vez despertado, já não pertence apenas à forma.

O prisma não fratura a luz; ele revela aquilo que a luz já contém. Da mesma forma, o luto não destrói o amor; ele revela sua profundidade, sua vulnerabilidade e sua capacidade de transcender a forma. Aquilo que parece ruptura pode ser a primeira revelação de uma continuidade mais profunda — quando o amor começa a existir para além daquilo que pode ser sustentado.

No entanto, essa lição não é aprendida pela primeira vez na vida adulta. Seus primeiros tremores são sentidos muito antes, na frágil arquitetura da infância, onde a proteção parece eterna e a ausência parece incompreensível.

É ali, na luz azul dos primeiros vínculos, que o luto apresenta pela primeira vez à alma o mistério da vulnerabilidade — muito antes da linguagem, muito antes da filosofia, muito antes de a mente conseguir explicar aquilo que o coração já sabe.

E é ali, nesse primeiro encontro com a ausência, que o prisma do luto começa a se mover.

Capítulo 2 | A Faceta Azul

Sombras no Parque Infantil

O prisma se abre no azul.

A primeira cor a emergir é o luto da infância — a perda da segurança e do pertencimento incontestado.

É aqui que a alma aprende pela primeira vez a vulnerabilidade.

A infância é o primeiro lugar onde a alma descobre que a proteção não é permanente — e que o amor, quando já não pode abrigar, começa a ensinar.

Frequentemente imaginada como um santuário intocado pela perda, a infância é romantizada como uma estação de inocência, brincadeira e alegria resguardada. Os adultos falam dela como se a tristeza pertencesse a outro lugar — reservada para anos posteriores, para aqueles já capazes de compreender a impermanência. No entanto, o luto não espera pela maturidade. Ele chega cedo, às vezes silenciosamente, às vezes de forma abrupta. Quando entra na infância, raramente aparece como reflexão filosófica. Manifesta-se como medo de ser abandonado, confusão diante da ausência, ruptura da sensação de segurança e a lenta percepção de que o mundo não é totalmente previsível.

A faceta azul do luto carrega os tons do apego, da confiança, do vínculo emocional e da vulnerabilidade. Azul é a cor da segurança sentida na presença de alguém — a tranquila certeza de que alguém mais forte está por perto, de que o mundo é sustentado por braços confiáveis. Quando a perda toca esse território, ela não remove apenas uma pessoa ou circunstância; altera a própria percepção de realidade da criança. O que antes parecia estável torna-se incerto. O que parecia eterno revela sua fragilidade. O luto infantil não é, portanto, apenas perder alguém; é também perder a ilusão de que a proteção é permanente.

As crianças não vivem o luto com a lógica linear dos adultos. Seu mundo interior é simbólico, imaginativo e relacional. Quando a perda ocorre, a criança raramente formula questões existenciais sobre a finitude. Em vez disso, surgem perguntas íntimas e assustadoras:

Será que eu causei isso?

Isso vai acontecer comigo?

Todo mundo vai embora?

Esse modo de pensar — frequentemente descrito como "pensamento mágico" — não é patológico. É a linguagem natural de uma psique em desenvolvimento. A criança experimenta o mundo como animado por intenção e causalidade. Quando o luto entra nesse campo simbólico, pode surgir culpa — não porque tenha havido um erro real, mas porque a criança sente-se interiormente responsável pelo que acontece ao seu redor.

Por essa razão, o luto frequentemente migra para o corpo. Uma criança pode não dizer "estou de luto", mas o luto fala por meio de dores de estômago, dores de cabeça, terrores noturnos, enurese noturna, regressões comportamentais, irritabilidade, retraimento ou medos súbitos. O corpo torna-se linguagem quando as palavras ainda não são suficientes. Aquilo que ainda não pode ser simbolizado busca expressão somática.

A ciência contemporânea confirma que essa resposta corporal não é apenas metafórica. O cérebro da criança é altamente plástico e profundamente dependente da corregulação — o processo pelo qual a presença estável de um adulto ajuda a estabilizar o sistema nervoso da criança. Quando um vínculo de apego primário é interrompido, a perda é experimentada não apenas emocionalmente, mas também fisiologicamente.

Estudos de neuroimagem revelam que o luto ativa centros cerebrais de dor semelhantes aos da lesão física, juntamente com circuitos de apego e sistemas de estresse. O amor deixa marcas no sistema nervoso desde o início da vida. Quando essa presença reguladora desaparece, o corpo precisa reaprender a organizar-se.

O parque infantil torna-se então um palco onde riso e tristeza coexistem, e os adultos — vendo apenas o comportamento — podem interpretar mal esses sinais como desafio ou distração. No entanto, sob a superfície, a criança está aprendendo que a ausência existe.

O luto na infância revela-se, com frequência, de duas formas distintas.

A primeira é a perda concreta de outros: a morte de alguém amado, a separação dos pais, uma mudança de cidade, doença, dependência química ou distanciamento emocional. Essas rupturas quebram a continuidade. O mundo da criança — estruturado em torno de figuras confiáveis — desloca-se abruptamente.

A segunda perda é mais sutil e frequentemente ignorada: a perda da própria infância. Crescer também é uma forma de luto. A criança precisa abandonar um mundo governado pela imediaticidade, pela imaginação e pela dependência para entrar em uma realidade moldada pela diferenciação e pela responsabilidade. Essa passagem não é neutra. É uma morte simbólica da inocência. Quando os jogos favoritos perdem seu encanto e o corpo começa a mudar, a criança percebe — ainda sem palavras — que algo irreversível começou. Uma porta se fecha silenciosamente atrás dela.

Sob uma perspectiva espiritual mais ampla, essa vulnerabilidade não é acidental. O ser humano chega à vida dependente, impressionável e profundamente aberto às experiências que moldarão sua sensibilidade. A infância é, portanto, uma fase de exposição e aprendizagem. Quando o luto entra nesse período, ele alcança uma psique que ainda está formando sua relação mais básica com a confiança. A ferida não diz respeito apenas ao que foi perdido; ela toca a forma como a criança compreende a própria continuidade da vida.

A partir de uma perspectiva psicológica espírita, reflexões encontradas nas obras de Joanna de Ângelis sugerem que o que molda o futuro não é apenas a perda em si, mas a maneira como ela é interpretada e sustentada. Quando o luto é negado ou silenciado, pode cristalizar-se em ansiedade de abandono, necessidade excessiva de controle ou entorpecimento emocional. Quando, porém, a perda é acompanhada por presença, linguagem adaptada à capacidade da criança e acolhimento emocional, ela pode cultivar resiliência, empatia e sensibilidade moral precoce.

O silêncio em torno da morte frequentemente intensifica o medo. O instinto de autopreservação faz a morte parecer ameaçadora, mas quando os adultos evitam nomeá-la, a imaginação preenche o vazio com sombras. Contos de fadas, monstros, fantasias de abandono e imagens catastróficas emergem do inconsciente quando a verdade é ocultada. Quando a morte é apresentada com delicadeza — como parte do ritmo da vida, e não como uma catástrofe proibida — a criança é poupada do peso de um terror sem explicação. A consciência da continuidade não precisa ser imposta em termos abstratos; pode simplesmente viver na linguagem familiar como um consolo: o amor não termina com a separação, e os vínculos não são apagados pela ausência.

A mitologia compreende profundamente esse território. Contos de fadas, muitas vezes descartados como fantasia infantil, são mapas simbólicos dos primeiros encontros com a perda. Poucos ilustram isso com tanta clareza quanto João e Maria. Sob sua simplicidade encontra-se um luto arquetípico: a perda da proteção.

A floresta representa o colapso da segurança. Psicologicamente, ela espelha a desorientação. As pedras e migalhas deixadas por João simbolizam a tentativa da criança de controlar a perda — de recriar o caminho de volta à segurança. Crianças que experimentam o luto frequentemente se agarram a rituais, objetos ou comportamentos exageradamente obedientes, esperando evitar novas rupturas. No início, as pedras funcionam. Depois, as migalhas desaparecem. Esse momento marca o encontro com a irreversibilidade. Algumas perdas simplesmente não podem ser desfeitas.

A casa de doces representa um falso refúgio — doçura sem segurança. Mais tarde na vida, lutos infantis não resolvidos podem repetir esse padrão por meio de substituições: relacionamentos compulsivos, dependências ou dependência emocional. A bruxa simboliza o perigo de confundir conforto com cuidado. Aqui nasce o discernimento.

O ato de Maria ao enfrentar a bruxa simboliza o surgimento da autonomia. O luto força o desenvolvimento. Por meio da perda, despertam recursos: coragem, cooperação e iniciativa moral. As crianças não retornam iguais. A cura não restaura a inocência; ela a transforma.

Em última análise, o luto infantil introduz a alma à experiência da separação. Ele ensina que o amor muda de forma, que a proteção pode falhar e que o significado às vezes precisa ser reconstruído. A faceta azul não termina no parque infantil. Ela continua moldando silenciosamente as estações futuras — a forma como oferecemos confiança e carregamos nossa vulnerabilidade.

Quando o luto infantil é vivido em solidão, pode tornar-se a arquitetura silenciosa do medo adulto. Quando é acompanhado por verdade e ternura, torna-se o fundamento da profundidade e da empatia.

O luto infantil não destrói a capacidade da alma de confiar. Ele revela como a confiança dependia, antes, da proteção externa, para que, com o tempo, possa enraizar-se no interior. O que a princípio parece ser a perda de abrigo pode tornar-se, mais tarde, o primeiro despertar do apoio interior.

A infância, porém, não é o terreno final da vulnerabilidade. À medida que a ternura azul do apego inicial cede lugar ao calor do tornar-se, o luto não se suaviza — ele se intensifica. A proteção recua. O desejo desperta. E a alma, já não protegida pela inocência, precisa aprender a permanecer firme dentro da própria intensidade que surge.

Capítulo 3 | A Faceta Vermelha

Adolescência e as Tempestades da Alma

O prisma se inflama em vermelho.

A adolescência confronta a alma com um novo luto — o luto da identidade e do desejo.

Aqui o eu luta para nascer.

A adolescência é o limiar onde a alma toca o fogo pela primeira vez — e precisa aprender que intensidade não é o mesmo que verdade.

Se o luto da infância é azul — terno, dependente, moldado pela perda da proteção — a adolescência arde em vermelho.

Essa estação não sussurra; ela inflama. Chega com calor, urgência, rebeldia e contradição. O adolescente lamenta não apenas aqueles que se foram, mas o próprio eu que está se dissolvendo. O eu-criança se desvanece, e nenhum eu-adulto está ainda formado. Entre o que está morrendo e o que ainda não nasceu, a jovem alma habita um perigoso limiar.

A perda durante a adolescência se desdobra em camadas. Há a tristeza de deixar a infância para trás, agora sentida com mais intensidade à medida que o corpo muda, o desejo desperta e o mundo exige diferenciação. Há a desilusão de descobrir que os pais são falíveis, as instituições imperfeitas e o mundo injusto. Há a dor das amizades que se rompem — pela distância, pela traição, pelas drogas ou pelo suicídio. E há a angústia mais profunda de perder a certeza sobre a própria identidade: *Quem sou eu? Quem me é permitido ser? Quem me amará se eu me tornar quem realmente sou?*

Nesse cenário, o luto frequentemente se disfarça. Ele aparece como raiva, desafio, retraimento, sarcasmo, excessos ou apatia. Raramente os adolescentes dizem *estou de luto*. Em vez disso, dizem *não me importo*, *deixe-me em paz* ou *nada faz sentido*. A faceta vermelha arde porque o amor desperta em novas formas — o anseio romântico, a curiosidade erótica, a sede de reconhecimento — enquanto a proteção recua. A alma deseja voar, mas suas asas ainda são frágeis.

A sexualidade entra nesse território não apenas como descoberta, mas como exposição. Desejar é revelar vulnerabilidade. Desejar é arriscar ser visto — e, portanto, rejeitado. Para muitos, esse risco parece insuportável. O corpo torna-se um lugar de vergonha, confusão ou performance. Questões de identidade sexual, orientação e pertencimento emergem justamente quando a psique é menos estável. O que deveria ser um desdobrar sagrado pode transformar-se em campo de batalha entre a verdade interior e as expectativas externas.

Ao mesmo tempo, a influência da mídia intensifica a fragmentação. O adolescente já não é formado apenas pela família e pela comunidade imediata, mas por telas, algoritmos, imagens cuidadosamente editadas de perfeição, corpos hipersexualizados e comparações incessantes. Adolescentes — ainda emocionalmente em formação — tornam-se particularmente vulneráveis a modelos sociais sedutores que prometem prazer, reconhecimento e pertencimento sem exigir maturidade interior. A imagem começa a eclipsar o ser. A persona passa a ser moldada não pela autenticidade, mas pela sobrevivência.

O bullying — seja nos corredores da escola, seja nos espaços digitais — aprofunda essa fratura. Para sobreviver ao ridículo, muitos adolescentes começam a enterrar partes de si mesmos. Aprendem a desaparecer por dentro para parecer aceitáveis por fora. Editam sua verdade. Silenciam sua espontaneidade. Trata-se de uma morte sutil: a autenticidade trocada por pertencimento condicionado. Aqui, o luto não é apenas perder os outros, mas perder a si mesmo para permanecer incluído.

O mito de Ícaro ilumina essa tempestade de anseio. Ícaro não é apenas imprudente; ele está embriagado pela possibilidade. Tem fome do sol. A adolescência é, por natureza, icariana: o desejo desperta antes que o discernimento amadureça. As asas — sexualidade, imaginação, ideais, rebeldia — são reais, mas frágeis. Quando o adolescente voa demasiado perto do sol da liberdade absoluta, do prazer total ou de uma autodefinição radical sem enraizamento, a queda pode ser devastadora. O mito não condena a aspiração; ele revela a necessidade de equilíbrio entre fogo e medida, intensidade e integração.

As drogas entram nesse cenário como asas artificiais. Prometem voo sem esforço, intensidade sem significado, pertencimento sem vulnerabilidade. Quando adolescentes, sobrecarregados por conflitos internos e desprovidos de sustentação emocional, buscam refúgio nas drogas ou nos excessos, não estão apenas procurando prazer — estão fugindo da confusão e do terror de tornar-se. A perda de amigos para a dependência torna-se outra tristeza silenciosa: assistir alguém desaparecer enquanto ainda está vivo. O corpo permanece; a presença se apaga. Essa perda ambígua fratura a confiança nas relações.

Ainda mais devastadora é a perda de amigos pelo suicídio — uma realidade trágica e cada vez mais frequente entre jovens. Adolescentes sobrecarregados por conflitos internos, confusão de identidade, frustração ou abandono emocional podem passar a perceber a morte como alívio para uma dor psíquica insuportável. Raramente se trata de um desejo de não existir; trata-se de um desejo de alívio. A faceta vermelha do luto torna-se, então, dupla: lamentar quem morreu e enfrentar a pergunta aterradora — *Se a vida foi insuportável para eles, o que dizer de mim?*

O suicídio introduz o adolescente a um luto existencial cru. Ele expõe a fragilidade da resiliência e o perigo de confundir desespero com identidade. Sem sustentação emocional ou existencial, o luto pode colapsar em niilismo: *Se tudo termina, por que suportar?*

Nesse limite, algo paradoxal começa a surgir. Não consolo, mas interrupção. O adolescente pressente — muitas vezes sem palavras — que o sofrimento não é apenas algo de que se deve escapar, mas algo que revela aquilo que ainda não pode ser vivido. Não se trata de uma lição moral. É pressão existencial. A alma sente-se convocada à consciência antes de possuir as ferramentas para sustentá-la. O que se rompe não é apenas a esperança, mas a ilusão de que a dor não carrega significado. Nessa fratura, o despertar começa — não como clareza, mas como perturbação.

Nesse contexto, a autonomia moral emerge através do desconforto. O sofrimento expõe dependências inconscientes: da aprovação, da sensação, da distração ou da fuga. Quando essas estruturas colapsam, a alma não está sendo punida; está sendo convocada. O luto torna-se iniciático.

Em muitas culturas, a adolescência sempre foi marcada por ritos de passagem justamente porque esta é a idade do fogo. Sem iniciação, o fogo consome. Com orientação, o fogo tempera. A iniciação é o momento em que o sofrimento começa a educar em vez de apenas ferir. Os antigos ritos não romantizavam a dor; eles a continham. Sem recipientes simbólicos, o despertar torna-se caótico. Com orientação, o fogo que ameaça destruir transforma-se na luz pela qual o ser começa a ver a si mesmo.

Quando o luto adolescente é silenciado, o jovem pode concluir que sua dor é anormal ou vergonhosa. Quando ela é testemunhada — por adultos capazes de suportar a raiva sem retaliar, escutar sem minimizar e nomear o sofrimento sem moralizar — o fogo começa a organizar-se em luz. A dor não define a identidade; ela a refina.

Em última análise, a adolescência ensina que a identidade não se encontra no voo, no desaparecimento ou na conformidade com imagens perfeitas cuidadosamente editadas. Ela se forja no difícil ato de permanecer presente enquanto se atravessa o fogo. A faceta vermelha do luto não extingue o desejo; ela o educa. Desejo sem enraizamento queima. Desejo integrado ao significado ilumina.

O que parece rebeldia muitas vezes é luto procurando linguagem. O que parece excesso pode ser anseio sem contenção. O que parece autodestruição pode ser a tentativa desesperada da alma de escapar da dor de tornar-se. Nesse sentido, a adolescência não desperta plenamente a alma — ela a sacode para fora da inocência. O jovem começa a perceber que a vida não é apenas algo a ser consumido, mas algo a ser enfrentado. O que queima as ilusões abre espaço para o discernimento. O despertar aqui não é sabedoria; é o nascimento de uma pergunta: *Como viver com aquilo que sinto?*

A adolescência não termina com certezas, mas com a frágil percepção de que até mesmo o desejo ferido carrega a semente do vir-a-ser. Ainda assim, tornar-se não é o mesmo que pertencer. O fogo da adolescência desperta possibilidades, mas ainda não as ancora. O desejo descobre a si mesmo, mas ainda não escolheu seu chão. A tempestade que antes parecia identidade precisa, pouco a pouco, tornar-se responsabilidade.

À medida que a intensidade vermelha se assenta nas consequências da vida real, a alma aproxima-se de um limiar mais silencioso e exigente: não mais *Quem sou eu?*, mas *O que construirei com aquilo que descobri?*

É aqui que a chama do vir-a-ser começa a buscar compromisso, e a próxima faceta do luto se revela — não apenas como fogo, mas como uma travessia rumo à luz das consequências. O calor da tempestade precisa agora transformar-se no calor do lar, à medida que a intensidade vermelha amadurece na Faceta Laranja da vida adulta: a encruzilhada do coração.

Capítulo 4 | A Faceta Laranja

Vida Adulta e a Encruzilhada do Coração

O prisma arde em laranja.

A vida adulta encontra o luto da responsabilidade e da escolha moral.

Aqui a alma aprende a consequência.

A vida adulta é a travessia onde a alma aprende que o amor exige responsabilidade — e que o despertar muitas vezes começa onde o conforto termina.

A vida adulta não chega com o ímpeto da adolescência. Ela chega silenciosamente. Não há um único limiar que a anuncie, nenhum portão mítico que se abra com cerimônia. Em vez disso, a vida vai acumulando responsabilidades até que a paisagem interior se transforme quase sem que se perceba. Os dias tornam-se mais pesados de compromissos, as noites mais curtas de descanso, e o horizonte das possibilidades se estreita a cada escolha. Aquilo que antes parecia um infinito de possibilidades começa a revelar-se como consequência.

Às vezes, essa percepção surge em um momento absolutamente comum. A casa finalmente está silenciosa depois que as crianças foram colocadas para dormir. A louça já foi lavada, as luzes diminuídas. Alguém se senta por um breve instante antes de deitar, consciente de que o dia seguinte recomeçará com responsabilidades já à espera. Nesse silêncio, sem anúncio nem drama, nasce um reconhecimento discreto: a vida atravessou para outro território. A vida adulta chegou — não com fanfarra, mas com o peso silencioso da continuidade.

A faceta laranja do luto marca essa travessia: a estação em que a perda já não diz respeito apenas ao que foi tirado, mas também ao que foi escolhido — e ao que já não pode ser escolhido novamente.

A perda na vida adulta é complexa e multifacetada. Inclui as perdas visíveis de pessoas — a morte dos pais, a doença ou a partida de companheiros, a impensável perda de um filho. Mas inclui também lutos mais silenciosos, que não possuem ritos funerários: a aparente perda de liberdade dentro do casamento ou da parceria; a perda do chão sob os pés ao tornar-se pai ou mãe; a redução do tempo disponível para amizades, lazer e espontaneidade; a perda de estabilidade financeira causada por deslocamentos profissionais ou crises econômicas; o enfraquecimento da antiga resistência do corpo, à medida que a saúde muda e os limites se tornam mais evidentes. Essas transições não são tragédias por definição. São passagens. E toda passagem cobra um preço. Algo precisa ser deixado para trás para que outra coisa possa ser acolhida.

A perda de um companheiro de vida está entre as experiências mais desestabilizadoras da vida adulta, não apenas emocionalmente, mas também fisicamente. Pesquisas sociais e médicas descrevem o que se chama de "efeito da viuvez": após a morte de um cônjuge, o risco de doença e mortalidade do parceiro sobrevivente aumenta significativamente, sobretudo nos primeiros meses e anos que se seguem à perda. Essa vulnerabilidade é moldada pelo luto, pelo estresse, pela depressão, pela ruptura das rotinas de cuidado e pela súbita ausência de apoio emocional e prático.

O adulto perde não apenas uma presença amada, mas também um centro regulador da vida cotidiana. A ruptura dos ritmos compartilhados — sono, refeições, rotinas, decisões — desorganiza o corpo tanto quanto a alma, revelando o quanto o amor estrutura profundamente a existência humana.

Aqui, o luto adquire uma nova textura. Já não é apenas a dor da ausência; torna-se o luto pelos antigos eus. "Perdi você" entrelaça-se com "perdi quem eu era." O adulto lamenta versões de vida que poderiam ter sido vividas: caminhos não percorridos, vocações abandonadas, amores que não puderam ser sustentados, identidades que já não se ajustam às exigências da realidade. Este é o luto das consequências — a tristeza que nasce não apenas do destino, mas também da escolha.

Sob uma perspectiva junguiana, essa fase é marcada pelo colapso da persona. A máscara social que antes sustentava o jovem adulto — sucesso, carisma, competência, produtividade — começa a rachar sob o peso da complexidade da vida real. O adulto descobre que os papéis que desempenha já não conseguem conter a plenitude da psique. A perda revela aquilo que a persona ocultava: cansaço, ressentimento, inveja, medo e um silencioso anseio por significado.

A sombra emerge não como inimiga, mas como o interior negligenciado que pede para ser visto. Quando o casamento revela dependências não resolvidas, quando a parentalidade expõe impaciência, ou quando a vida profissional evidencia compromissos éticos frágeis, a alma encontra aspectos ainda não integrados. O luto torna-se então o mensageiro de que a vida que se vive já não corresponde à vida que a alma é chamada a habitar.

O mito fala eloquentemente desse momento por meio da imagem do Rei Ferido, conhecido nas lendas do Graal arturiano como o soberano cuja ferida não curada torna estéril a terra que governa. A ferida não é apenas pessoal; ela simboliza uma fratura entre autoridade e integridade, entre poder e verdade.

Na vida adulta, esse rei ferido habita o ser humano que continua funcionando exteriormente enquanto, por dentro, perde o contato com o sentido. Carreiras avançam enquanto o coração se resseca; famílias permanecem enquanto a intimidade se dilui; papéis sociais continuam enquanto a paisagem interior se torna desolada. A terra da alma passa a refletir esse desalinhamento entre quem se aparenta ser e quem realmente se é. A cura não surge da negação da ferida, mas do seu reconhecimento. O rei precisa reconhecer sua própria ferida para que a terra possa, enfim, voltar a florescer.

A figura bíblica de Jó oferece outro poderoso espelho desse período da vida. Jó perde saúde, segurança, posição social e companhia. Seu sofrimento não é explicado; nenhum cálculo moral justifica suas perdas. A vida adulta muitas vezes parece "jobiana" nesse sentido: pode-se fazer "tudo certo" e ainda assim perder aquilo que foi cuidadosamente construído.

Quando o sofrimento é despojado de explicações fáceis, ele confronta a alma com suas dependências mais profundas — controle, reconhecimento, estabilidade e certeza. O convite espiritual não é romantizar a perda, mas permitir que ela reorganize valores. O despertar de Jó não acontece por meio de respostas, mas por meio de encontro: uma reorientação da consciência para além da ilusão de que a vida nos deve conforto.

Sob uma perspectiva espiritual mais ampla, a vida adulta não é apenas um acidente do tempo, mas parte de uma jornada educativa mais profunda. A alma entra na vida dentro de circunstâncias específicas — família, corpo, ambiente e desafios — que se tornam o terreno do seu desenvolvimento. A perda, sob essa luz, não é evidência de indiferença divina, mas parte do currículo da maturação. Os conflitos frequentemente revelam tendências não resolvidas e dependências inconscientes. O que colapsa não é o valor da alma, mas a estrutura que sustentava formas anteriores de identidade.

O luto na vida adulta muitas vezes se esconde atrás da produtividade. Muitos adultos continuam a desempenhar seus papéis enquanto sofrem em silêncio. Funcionam; já não sentem. Esse entorpecimento emocional é, em si mesmo, uma forma de perda: a perda do contato com a própria vida interior.

A distração pode tornar-se uma forma sutil de anestesia — a substituição do excesso de atividades, do consumo ou do cuidado compulsivo com os outros pelo verdadeiro trabalho interior. Quando a dor é silenciada em vez de escutada, ela retorna sob outras formas: irritabilidade, depressão, sintomas somáticos e frieza nas relações.

O luto que não é integrado acaba por tornar-se caráter.

O motivo do despertar fala diretamente a esse cruzamento. O Apóstolo Paulo de Tarso escreve:

"Desperta, tu que dormes, levanta-te dentre os mortos, e Cristo te iluminará."

Para além de seu contexto religioso, esse chamado ressoa psicologicamente como um convite à consciência quando as ilusões da vida se dissolvem. A vida adulta é a estação em que a alma é convidada a despertar do sonho de que a felicidade virá apenas do arranjo externo — o parceiro certo, a carreira certa, a estabilidade perfeita.

Joanna de Ângelis, em *Vida: Desafios e Soluções*, apresenta o despertar não como fuga mística, mas como lucidez ética: a coragem de ver-se sem autoengano, de assumir responsabilidade pela própria recuperação emocional e de escolher a renovação em vez da estagnação. Despertar é a disposição de sentir aquilo que durante muito tempo foi evitado e de reorganizar a vida em torno da verdade, e não do hábito.

Aqui, o luto torna-se uma reorientação moral. A perda de um cônjuge ou de um filho rompe as suposições de permanência; a perda da identidade profissional confronta o ídolo da produtividade. Essas perdas não são apenas acontecimentos — são limiares de maturação ética. O adulto é chamado a recuperar sua agência não desfazendo a perda, mas escolhendo como viver com ela.

A faceta laranja do luto carrega uma esperança sóbria. Não promete a restauração do que foi; promete a possibilidade de reorientação. A esperança aqui não é otimismo ingênuo, mas a escolha disciplinada de despertar. É a disposição de integrar a sombra, de curar o rei ferido interior e de suportar perguntas sem resposta sem abandonar o sentido.

Nessa faceta, o amor torna-se menos impulsivo e mais intencional. A responsabilidade substitui a ilusão.

A perda na vida adulta retira da vida suas fantasias, mas oferece algo mais raro: coerência. Quando o luto é enfrentado, as partes dispersas do ser começam a reunir-se em torno do que realmente importa. As relações passam a ser escolhidas com discernimento. O trabalho é redefinido pelo serviço e não apenas pelo ego. A vida interior conquista um lugar legítimo ao lado das realizações exteriores.

O adulto começa então a reconhecer que plenitude não é a ausência de dor, mas a presença de propósito dentro dela. A vida, nessa estação, deixa de ser um campo de infinitas possibilidades para revelar-se como uma escola de consciência. Cada responsabilidade torna-se uma lição de amor. Cada limitação transforma-se em um convite à profundidade.

A faceta laranja do luto não promete o retorno do conforto, mas a recuperação do significado — a esperança sóbria de que, quando o chão cede, a alma pode aprender a permanecer de pé escolhendo despertar.

Mas o despertar não é o fim da jornada.

Permanecer de pé não é o mesmo que compreender.

O trabalho da vida adulta ensina responsabilidade; não concede automaticamente coerência.

O Prisma da Alma

Após anos de esforço, construção, reparação e escolhas, outro movimento começa a surgir — menos visível, menos urgente, porém mais interior. A alma já não pergunta apenas como suportar ou como reconstruir, mas como reunir em sentido tudo o que foi vivido. É nesse ponto que a próxima tonalidade do prisma começa a revelar-se — não como esforço, mas como integração. Pois aquilo que antes era luta para sobreviver à perda transforma-se, lentamente, na arte de compreender a vida.

Capítulo 5 | A Faceta Violeta

A Maturidade e a Tempo da Integração

O prisma suaviza-se em violeta.

A maturidade reúne o luto do tempo, da memória e das vidas inacabadas.

Aqui a alma começa a integrar.

A maturidade é a estação em que a alma deixa de perseguir o que a vida um dia prometeu e começa a colher aquilo que a vida, pacientemente, ensinou. Se a vida adulta é a encruzilhada onde a responsabilidade desperta a consciência, a maturidade é a paisagem onde a consciência aprende a integrar o que foi vivido. A faceta violeta do luto corresponde a esse limiar de síntese.

Na mecânica do prisma, a luz violeta possui o comprimento de onda mais curto e a frequência mais elevada; é a última cor visível antes que o espectro se transforme no reino do invisível. Na arquitetura da alma, o violeta representa esse mesmo limite etéreo: o limiar onde a personalidade se torna menos opaca à luz mais profunda do Espírito — não se apagando, mas permitindo que o sentido atravesse com maior liberdade.

Se o luto da infância é azul, marcado pela vulnerabilidade; o da adolescência, vermelho, marcado pelo fogo; e o da vida adulta, laranja, marcado pelos cruzamentos morais, a estação da maturidade é violeta — a cor do crepúsculo, quando a luz suaviza, os contornos se diluem e o significado se aprofunda. O violeta não é a cor do desaparecimento, mas da transição. É a hora em que o dia não termina abruptamente, mas se entrega lentamente a outra forma de presença.

Nascido da união do vermelho e do azul, o violeta encarna a alquimia espiritual da experiência: paixão temperada pela reflexão, perda transformada em sabedoria e tempo transmutado em significado. É a tonalidade da profundidade espiritual, da autoridade interior e da iluminação silenciosa que emerge quando a alma deixa de resistir ao que foi.

Após longos anos de construção, esforço, sustentação e resistência, muitos entram numa forma de luto mais silenciosa e menos reconhecida publicamente: a síndrome do ninho vazio. Os filhos crescem, partem e iniciam suas próprias vidas. O que permanece não é apenas o silêncio dos cômodos antes cheios de movimento, mas um eco dentro da própria psique. Rotinas que antes estruturavam o sentido se dissolvem; identidades moldadas pelo cuidado e pela presença perdem sua função central. O luto aqui não é a perda de uma pessoa, mas a perda de um papel — e, com ele, a perda de uma versão de si mesmo.

A pergunta que emerge é sutil e, ao mesmo tempo, profunda: quem sou eu quando a vida que construí já não precisa de mim da mesma maneira? Esse limiar revela o quanto a identidade pode ter sido tecida em torno da função. A faceta violeta do luto convida a alma a redescobrir-se para além dos papéis, para além da utilidade definida pelos outros e para além da narrativa da indispensabilidade.

Esse período frequentemente é acompanhado por mudanças fisiológicas e hormonais que também desestabilizam a identidade. Nas mulheres, a menopausa marca não apenas uma transição biológica, mas também simbólica: o encerramento de um ciclo de fertilidade e a abertura de outra forma de generatividade — aquela que se expressa na sabedoria, na presença e na criatividade espiritual. Nos homens, a andropausa e as mudanças graduais nos níveis de testosterona podem trazer transformações na vitalidade, no humor, no desejo e na autoimagem. A própria sexualidade pode alterar seu ritmo, sua intensidade ou suas formas de expressão.

Para muitos, isso é vivido como perda: a perda do desejo juvenil, a perda da disponibilidade do corpo, a perda das formas familiares de intimidade. Ainda assim, também aqui a faceta violeta reformula o luto como convite. Essas mudanças biológicas não são meros declínios, mas parte do itinerário transcendental da alma.

À medida que a urgência diminui, a interioridade se expande. O que se reduz em intensidade hormonal pode aprofundar-se em presença emocional, ternura e intimidade consciente. O corpo ensina que o Eros não precisa desaparecer — ele se transforma. O amor torna-se menos performativo e mais relacional; a intimidade passa da conquista para a comunhão.

Nessa estação da vida, a perda já não chega apenas como interrupção; ela chega como acumulação. Não se lamenta apenas uma morte ou ruptura específica, mas o gradual rarefazer de um mundo que antes era compartilhado. Amigos que caminharam ao nosso lado começam a partir — alguns pela morte, outros pela doença, outros ainda pelo silencioso distanciamento trazido pela fragilidade, pela mudança de lugar ou pelo desgaste da memória.

O espelho já não reflete o rosto que um dia habitamos. O calendário se comprime. O tempo, que antes parecia abundante, torna-se íntimo.

Este ainda não é o luto do colapso do corpo — esse pertence à faceta verde. A faceta violeta fala de algo mais sutil: o luto de testemunhar a partida da própria geração, o luto de tornar-se sobrevivente da própria história. Essas perdas da velhice são frequentemente relacionais e temporais antes de serem físicas.

Começamos a perder contemporâneos — aqueles que guardam memórias compartilhadas, referências comuns e risos familiares. Com eles desaparece não apenas a companhia, mas também um arquivo vivo do próprio passado.

Essa forma de luto raramente é dramática. É silenciosa, cumulativa e facilmente ignorada. Não há um único funeral para a perda de "minha gente". Em vez disso, o mundo vai lentamente se esvaziando daqueles que testemunharam nossa vida.

A alma começa então a perceber que está se tornando a pessoa mais velha na sala — aquela que se lembra do que os outros já não viveram. Essa condição de sobrevivente traz consigo uma responsabilidade silenciosa e sagrada: sustentar a luz para as gerações que chegam. A figura do mais velho torna-se uma ponte para as facetas azul e vermelha da juventude, oferecendo um testemunho vivo de que as tempestades podem ser atravessadas e de que o sentido sobrevive ao fogo.

Nesse momento, a ideia de legado começa a revelar-se — não como monumento, mas como transmissão. A alma madura compreende gradualmente que a verdadeira medida de uma vida não está apenas no que realizou, mas naquilo que permanece vivo nos outros. Valores, gestos, atos de coragem, exemplos silenciosos de integridade tornam-se sementes que seguem adiante em vidas que talvez nunca possamos testemunhar plenamente.

Nesse sentido, o legado não é apenas memória; é continuidade. Algo do trabalho da alma permanece ativo na paisagem moral e emocional do mundo. O mais velho começa a perceber que a influência não termina com a própria presença: ela se desdobra na herança invisível de caráter, compaixão e significado confiada àqueles que virão depois.

E, dentro desse rarefazer de presenças, outro movimento começa silenciosamente. A alma encontra o luto das vidas não vividas. Caminhos não percorridos, vocações adiadas, sonhos que se dissolveram sob o peso da responsabilidade retornam agora à consciência.

Esse retorno pode doer. Ainda assim, a maturidade oferece um dom paradoxal: a liberdade de reinterpretar o passado sem a ilusão de que ele poderia ter sido diferente.

Aquilo que não foi vivido torna-se matéria para a compaixão, e não para o arrependimento.

A faceta violeta não apaga o anseio; ela o integra. A alma aprende a honrar as vidas que não foram vividas sem se tornar prisioneira delas.

Tradições filosóficas também ecoam essa visão da maturidade como colheita, e não como declínio. Marco Túlio Cícero — estadista e filósofo romano — escreveu uma profunda defesa da velhice em sua obra *De Senectute* (Sobre a Velhice). Cícero rejeitou a ideia de que envelhecer seja apenas perder, apresentando essa etapa como uma estação de frutificação — a colheita do caráter e do refinamento ético cultivados ao longo de décadas.

Os frutos do tempo, sugeria ele, não são medidos pelo vigor físico, mas pela clareza de julgamento, pelo discernimento moral e pela liberdade interior. Essa visão ressoa profundamente com a faceta violeta: a percepção de que aquilo que enfraquece em força pode amadurecer em compreensão.

Mitologicamente, esse período corresponde ao arquétipo do Ancião Sábio — o *Senex*. Derivado do termo latino para "homem velho", o Senex era originalmente um título de elevada posição social na Roma Antiga, formando a raiz linguística da palavra "Senado". Na paisagem da alma, Carl Jung sugere que esse arquétipo surge no ápice do processo de individuação: o momento em que o ego deixa de competir com o Self e passa a escutá-lo.

O Ancião Sábio emerge quando a alma aprende a permanecer diante da ambiguidade, a sustentar o paradoxo sem fragmentar-se e a ver o sofrimento não como punição, mas como mestre. O ancião não promete conforto; oferece coerência.

O mito de Saturno — ou Cronos — aprofunda esse cenário simbólico. Saturno devora seus filhos no mito antigo, encarnando o terror do tempo que consome todas as coisas. No entanto, Saturno é também o deus da agricultura, da colheita e dos ciclos. O tempo destrói, mas também amadurece.

É nesse ponto que a responsabilidade laranja da vida adulta — o labor de construir e sustentar — se transmuta na lucidez violeta do ancião. Já não se trabalha a terra para possuir a colheita, mas para compreender o ciclo. Cronos não é apenas o devorador da juventude; é também o mestre da profundidade.

A faceta violeta do luto reconhece essa dupla face do tempo. Aquilo que o tempo retira em imediatismo, ele devolve em perspectiva. Amadurecer é reconciliar-se com Cronos — deixar de lutar contra o tempo e começar a aprender com ele.

Na psicologia espírita, a maturidade não representa o fechamento de um capítulo da vida, mas a abertura de um currículo mais profundo da alma. Sob essa perspectiva, o Espírito entra nas fases posteriores da existência com necessidades educativas específicas: afrouxar os apegos à forma, desvincular a identidade dos papéis, refinar os vínculos emocionais e cultivar significados transcendentes.

A perda das exigências externas cria espaço para a escuta interior. A alma é gentilmente — e às vezes dolorosamente — redirecionada do fazer para o ser.

Esse redirecionamento frequentemente reabre antigas feridas relacionais. Na maturidade, muitos percebem quanto amor foi perdido por orgulho, silêncio ou pela lenta corrosão de ressentimentos não expressos.

A faceta violeta do luto carrega em si o convite ético da reparação.

A maturidade torna-se então uma estação de reavaliação: o que realmente importa?

O luto do distanciamento pode tornar-se agora a porta para o perdão. As perdas de anos anteriores convidam à recuperação do amor onde ele foi negligenciado — muitas vezes dentro da própria família ou entre amigos cuja presença um dia foi considerada garantida.

Aqui, o luto já não fala principalmente do que foi perdido externamente, mas do que precisa ser integrado internamente. A fragmentação das estações anteriores — o idealismo da juventude, a responsabilidade da vida adulta, as desilusões da meia-idade — busca agora coerência.

A faceta violeta é a alquimia da integração. A alma reúne suas partes dispersas: a criança que sonhou, o adulto que suportou e o ser ferido que sobreviveu. Nenhum é rejeitado; todos são acolhidos numa inteireza interior mais ampla.

O despertar espiritual na maturidade assume frequentemente um tom mais silencioso. Há menos revelações dramáticas e mais perguntas reverentes. A fé amadurece em confiança; a crença amadurece em coerência vivida. A espiritualidade torna-se menos ascensão e mais presença.

Nessa fase, a perda já não exige explicação; convida à interpretação. A faceta violeta não nega a dor — ela a dignifica como mestra.

O corpo ensina a impermanência.

As relações ensinam o perdão.

O tempo ensina a humildade.

O silêncio ensina a profundidade.

A maturidade, como tempo de integração, oferece à alma um dom raro: a reconciliação com a própria história. Aquilo que foi quebrado pode não ser reparado na forma, mas pode ser curado no significado.

A velhice é a estação em que a alma começa a aprender que segurar e deixar ir não são opostos, mas dois movimentos do mesmo amor.

A faceta violeta não restaura o que foi; ela integra o que existiu. Nessa integração, o luto deixa de ser apenas a marca da perda — torna-se a assinatura da sabedoria.

A integração, contudo, não é o limiar final. Pode-se reconciliar com a memória, perdoar a vida não vivida e suavizar-se na sabedoria do tempo — e ainda assim permanecer abrigado na carne. Por mais translúcida que a personalidade se torne na luz violeta, ela ainda é sustentada por um corpo sujeito à mudança, ao declínio e à ruptura.

A maturidade reúne sentido; não suspende a biologia.

À medida que a pessoa mais velha se reconcilia com Cronos, outra confrontação se aproxima — mais silenciosa e mais íntima. Não com a memória, mas com a matéria. A alma que integrou sua história agora precisa encontrar os limites de seu veículo.

O prisma gira novamente — não em direção à colheita do tempo, mas ao instrumento frágil através do qual toda experiência foi vivida.

Se o violeta refina a identidade, o verde testa a encarnação.

Chega um momento em que a pergunta já não é:

"Quem sou eu além dos meus papéis?"

Mas sim:

"Quem sou eu quando meu corpo já não obedece à minha vontade?"

E assim a próxima faceta começa a revelar-se — não como reflexão, mas como experiência.

Não como metáfora.

Mas como carne.

Capítulo 6 | A Faceta Verde

O Corpo e a Fragilidade da Vida

O prisma repousa no verde.

A enfermidade revela o luto do corpo e os limites da encarnação.

Aqui a alma aprende a humildade.

Se as facetas anteriores do prisma exploraram a perda daqueles que amamos ou dos papéis que desempenhamos, a Faceta Verde conduz a alma à sua fronteira mais íntima e inescapável: a carne.

No espectro da luz, o verde é o ponto médio — a cor do centro do coração, da folha e da energia vital que sustenta a vida. Ele representa a "Grande Harmonia" entre Espírito e Terra — o ponto onde o pulso da alma encontra o ritmo da natureza. Quando essa faceta se turva pela enfermidade, não é apenas um papel que se perde; é o próprio meio através do qual tocamos, respiramos e existimos no mundo material.

O Prisma da Alma

O luto da saúde é o luto pela nossa invencibilidade biológica. É o momento em que o corpo deixa de ser uma janela transparente e se torna uma parede pesada e opaca.

Muitas vezes associamos, equivocadamente, essa forma de luto corporal exclusivamente ao crepúsculo da vida. A Faceta Verde, entretanto, pode lançar sua sombra em qualquer momento da existência. Uma criança que nasce com uma limitação, um jovem adulto atingido por uma condição crônica ou um pai ou uma mãe confrontados com a ruptura súbita de um acidente habitam todos essa mesma paisagem.

Durante grande parte da vida, o corpo é um servo silencioso. Identificamo-nos com nossa força, nossa agilidade e nossa capacidade de agir. A Faceta Verde começa quando essa transparência se rompe. De repente, o corpo exige atenção. Ele fala por meio da linguagem da dor, do cansaço e da limitação.

O choque psicológico da doença é a constatação de que a vontade do Espírito passa agora a ser limitada pela fragilidade das células. Precisamos lamentar o "eu-ator" — aquela versão de nós mesmos que antes se movia pelo mundo sem hesitação.

Às vezes essa percepção chega silenciosamente, em um instante tão simples que quase passa despercebido: a primeira vez em que alguém descobre que não consegue levantar-se de uma cadeira sem ajuda. A mão estendida por outra pessoa torna-se ao mesmo tempo auxílio e revelação. O que antes não exigia reflexão agora exige humildade. Naquele instante, o corpo deixa de ser um instrumento obediente e passa a ser um mestre. A alma confronta uma nova verdade: a independência nunca foi tão absoluta quanto imaginávamos.

Essa perda exige uma profunda reorganização psicológica. Precisamos aprender a ser alguém, mesmo quando já não podemos fazer nada.

Essa luta se aprofunda quando o instrumento do corpo falha não apenas no movimento, mas também na cognição. Quando a memória começa a se dissolver, quando os fios do reconhecimento se desgastam e quando a mente se torna um labirinto, surge um duplo luto. O indivíduo sofre a lenta desmontagem de sua própria história, enquanto a família entra naquilo que os psicólogos chamam de perda ambígua — o luto por alguém que ainda está fisicamente presente.

Para a família, a pessoa que um dia conheceram vai sendo gradualmente substituída por um estranho que habita uma forma familiar. O cuidador precisa atravessar uma paisagem estranha e exaustiva, onde a dedicação deve ser oferecida a uma presença que já não pode retribuir reconhecimento. Talvez esta seja a prova suprema do amor ético: cuidar do Espírito mesmo quando a máscara da personalidade se tornou irreconhecível.

O peso dessa transição frequentemente recai sobre a família, criando um luto coletivo raramente nomeado. Há uma culpa silenciosa que acompanha o esgotamento de quem cuida — o luto pela própria liberdade, pelo tempo e pela paz que se perdem.

Uma perspectiva espiritual mais profunda convida-nos a ver isso não como um acidente trágico, mas como parte de um itinerário humano compartilhado. A enfermidade de um membro torna-se um campo de aprendizado para o progresso espiritual de todo o grupo. Ela nos força a confrontar a ilusão da independência. Aprendemos que, na verdade, somos radicalmente dependentes uns dos outros.

A família torna-se um ecossistema vivo de paciência, no qual os "saudáveis" aprendem a santidade do serviço e os "doentes" aprendem a difícil humildade de serem servidos.

É frequentemente nesse clima de exaustão, medo e impotência que a questão da eutanásia pode surgir — seja como uma tentação pessoal para quem sofre, seja como uma consideração silenciosa no círculo familiar. Mesmo na fragilidade, a vida permanece significativa.

As águas da decadência física ou mental são difíceis de atravessar, mas ainda são águas de aprendizado. As lições dessa fase são mais lentas, mais humildes, mais interiores — e nem por isso menos essenciais no itinerário da alma.

De uma perspectiva ética espiritualista, somos convidados não a contemplar a eutanásia nem a cultivar o desejo da morte, mas a reverenciar o corpo como instrumento sagrado de experiência e reparação. Respeitar o corpo não significa idolatrar a sobrevivência biológica a qualquer custo; recusar a eutanásia não é o mesmo que exigir a prolongação artificial da vida por meios desproporcionais ou invasivos.

Existe uma diferença moral entre permitir que a morte natural se desenrole com compaixão e interromper prematuramente o curso da vida.

Para além da dimensão ética imediata, a eutanásia deixa também um eco pedagógico no tecido moral da família e da comunidade. A alma não apenas parte de uma experiência — ela parte levando consigo a marca de como essa experiência foi concluída.

À medida que a alma mergulha mais profundamente nesse capítulo da carne, encontra outra sombra pungente: o encolhimento do mundo relacional. A doença frequentemente transforma a paisagem social em um deserto. Os amigos visitam com menos frequência. As conversas se encurtam. O quarto torna-se mais silencioso.

O quarto do enfermo torna-se uma espécie de mosteiro — ainda que a alma nunca tenha escolhido entrar nele.

Ainda assim, até mesmo esse isolamento possui significado dentro da arquitetura do prisma. Quando o mundo já não vem até nós, somos convidados a viajar para dentro.

Para compreender o sentido dessa ruptura física, podemos recorrer ao antigo arquétipo de Quíron.

Na mitologia grega, Quíron era um centauro — metade divino, metade animal — que foi acidentalmente ferido por uma flecha envenenada. Como era imortal, não podia morrer; como o veneno era incurável, estava condenado a viver no ponto de encontro entre a divindade e a agonia.

Quíron não passou a vida procurando uma cura para sua ferida.

Em vez disso, buscou compreensão.

Retirou-se para uma caverna e transformou o sofrimento em um campo de sabedoria.

Nesse sentido, Quíron revela algo essencial sobre a Faceta Verde: a ferida que não pode ser curada pode tornar-se o lugar a partir do qual a cura se irradia. Aquilo que o corpo não consegue reparar, a alma pode transformar em visão. O ferido torna-se capaz de guiar os outros não apesar da ferida, mas por meio dela.

Na Faceta Verde, a doença torna-se nossa flecha envenenada. É o momento em que percebemos que certas coisas na vida não podem ser consertadas — apenas carregadas.

A ferida pode abrir uma segunda visão: a capacidade de perceber o essencial porque o superficial foi removido.

O quarto do enfermo, a cadeira de rodas, a silenciosa resistência diante da limitação podem tornar-se cavernas de revelação, onde a alma aprende que a ferida não é apenas um erro, mas um portal.

A doença nos obriga a descobrir algo que raramente percebemos quando estamos saudáveis: o corpo não é a origem da vida, mas apenas o seu meio de expressão.

O corpo é um instrumento, não o músico.

Quando o instrumento falha, a música precisa mudar.

A doença torna-se um convite à reorganização interior. À medida que o corpo enfraquece, o Espírito retira energia da periferia e a concentra no centro.

Este é o paradoxo da Faceta Verde: enquanto a carne enfraquece, a consciência essencial pode aprofundar-se em lucidez.

O corpo revela-se como um invólucro temporário — um instrumento e um veículo destinados a conduzir o espírito através da experiência terrestre. Seu declínio gradual pode não ser apenas deterioração, mas o amadurecimento do viajante imortal.

Estamos sendo lentamente desatados do mundo físico.

Os nós da matéria se afrouxam.

A transição torna-se menos uma ruptura e mais um retorno.

Para aqueles que assistem um ente querido perder a memória, há consolo em lembrar que o Espírito nada esquece. Cada ato de amor, cada oração sussurrada, cada gesto de cuidado paciente é tecido no tecido mais profundo do ser.

A Faceta Verde não nos pede que celebremos o sofrimento. Mas nos convida a honrar a transformação que ele exige.

Ela ensina a graça da dependência.

Para aquele que passou a vida inteira sendo o pilar, a perda da saúde torna-se a escola onde aprende a arte sagrada de receber amor sem precisar merecê-lo pelo trabalho.

Descobrimos o corpo como um hóspede — alguém a ser tratado com ternura mesmo quando começa a falhar.

A vitalidade já não é medida pela força. Ela é medida pela capacidade de perdoar, de esperar e de permanecer interiormente em paz.

No fim, a Faceta Verde revela que o motorista é mais do que o veículo que conduz.

Quando o carro já não pode se mover, o motorista se prepara para sair. E olhar para as estrelas.

O Prisma da Alma

Perder a saúde ou a memória é começar o movimento final do prisma — quando a luz já não precisa do vidro para mostrar suas cores.

Ela começa a brilhar por si mesma.

A doença nos confronta com os limites do corpo. Há também estações em que o corpo permanece capaz, a mente lúcida, as mãos firmes — e ainda assim algo mais começa a se dissolver.

A crise já não é biológica. Ela é existencial. A pessoa ainda está viva, ainda pensa, ainda pode agir — e, no entanto, já não ocupa o centro.

A pergunta muda — não mais:

"Ainda posso me mover?"

Mas:

"Ainda sou necessário?"

Aqui o prisma gira novamente. O verde revela a fragilidade do veículo. Outra perda aguarda silenciosamente além da doença: a perda da função, da relevância e da utilidade social.

Se o Verde humilha o corpo, o Amarelo desafiará a identidade que antes dependia de ser necessária.

E, nesse giro, a alma terá de enfrentar outro silêncio.

Capítulo 7 | A Faceta Amarela

A Perda de Papéis, do Trabalho e da Identidade

O prisma se ilumina em amarelo.

A maturidade da vida confronta o luto da utilidade e da centralidade social.

Aqui a alma se vê diante de uma nova pergunta: quem sou eu quando já não sou necessário?

No espectro do prisma, o amarelo é a cor do sol no zênite — representa a luz do meio-dia da vida, o período em que brilhamos com maior intensidade aos olhos da sociedade. Esta é a faceta do fazer. Ela abrange as carreiras que construímos, os títulos que carregamos, a autoridade que exercemos e o status social que muitas vezes serve como nossa armadura.

Quando essa faceta se obscurece pela perda — seja pela aposentadoria, pelo desemprego ou pelo natural afastamento que acompanha o passar dos anos — a alma enfrenta uma crise de utilidade. A pergunta central e inquietante da Faceta Amarela torna-se então: "Quem sou eu se já não sou produtivo?"

Para muitos, este é o mais perturbador dos silêncios, pois em um mundo que confunde valor com produção, o fim do trabalho pode parecer o próprio fim da existência.

Para o ego moderno, essa perda costuma ser vivida como um colapso devastador. Carl Jung falou profundamente sobre a "inflação do ego", estado em que nos identificamos tanto com nosso papel social — a Persona — que esquecemos existir um ser humano sob a armadura. Não apenas temos um trabalho; tornamo-nos o trabalho. Não apenas exercemos autoridade; passamos a medir nosso próprio valor pelo poder que exercemos.

Essa é a "armadilha solar" da Faceta Amarela: quanto mais alto ascendemos aos olhos do mundo, maior parece a queda quando o palco é inevitavelmente desmontado.

Quando a porta do escritório se fecha pela última vez, ou quando uma geração mais jovem ocupa o espaço que antes era nosso, a sensação pode ser de uma retirada súbita e fria. À medida que o pano desce sobre nossa atuação profissional, vemos novos rostos ocuparem o centro do palco, pronunciando as falas que antes eram nossas e tomando decisões que antes cabiam a nós. Nesse momento, pode surgir uma inquietante sensação de esquecimento — o temor de termos sido apagados, como se nosso nome tivesse sido riscado do livro da vida social. Tornamo-nos espectadores de uma peça que antes dirigíamos, relegados às sombras do bastidor enquanto o espetáculo continua sem nós.

E, no entanto, o "chamado final" de nossa vida profissional não representa o fim da ação do Espírito. Aposentar-se ou afastar-se não significa perder as próprias faculdades; nossa inteligência, a competência conquistada com esforço, a destreza de nossas mãos e a vasta biblioteca de nossa experiência permanecem intactas. Apenas foram libertadas das exigências do mercado. O "esquecimento" que tememos é apenas a reação do ego à perda de um título — não reflete a verdadeira capacidade do Espírito.

Essa transição é retratada com clareza impressionante na tragédia Rei Lear, de William Shakespeare. Lear é um homem que acredita ser sua própria coroa, confundindo o respeito prestado ao seu cargo com o amor devido à sua alma. Quando abdica do poder e é privado de seus cavaleiros, de suas terras e de seu status, mergulha em uma tempestade literal e simbólica de loucura. No entanto, é justamente nessa queda do falso trono que Lear começa a desenvolver um coração.

Entre os destroços de seu prestígio, vagando pela charneca como um "pobre e nu animal de duas pernas", ele finalmente descobre sua humanidade. A Faceta Amarela nos ensina que a tempestade provocada pela perda da identidade profissional é muitas vezes o único ambiente em que a alma pode aprender que a dignidade não depende de um título, mas da capacidade de permanecer presente.

Na verdade, o fechamento de uma porta é também a abertura de um novo mundo — um mundo que talvez não ofereça salários elevados ou títulos impressionantes, mas onde podemos finalmente fazer uma diferença profunda, no nível da alma. É o campo da verdadeira vocação.

No meio-dia da vida, muitas vezes passamos décadas deslocados, buscando validação em fontes que não alimentam nossas inclinações mais autênticas. Perseguimos aquilo que o mercado valoriza, em vez daquilo que o Espírito necessita. A perda do status frequentemente é a maneira pela qual a própria vida corrige nossa trajetória. É o momento em que o ruído externo do "deveria" se silencia para que o chamado interior do "preciso" possa finalmente ser ouvido.

A história está repleta de pessoas consideradas fracassos pelos padrões estreitos de seu tempo, apenas para revelarem depois uma luz que transformou o mundo. Recordamos Albert Einstein, que teve dificuldades dentro das rígidas estruturas da escola tradicional. Se tivesse se tornado o estudante exemplar que a sociedade esperava, talvez tivesse vivido como um acadêmico discreto, e não como o visionário que transformou nossa compreensão do universo. Seu "fracasso" em se encaixar nos moldes permitiu que preservasse o gênio fiel à sua vocação interior.

Quando perdemos nosso lugar na hierarquia social, não estamos perdendo nossa capacidade de contribuir; estamos sendo redirecionados para uma contribuição que somente nós podemos oferecer.

Uma perspectiva ética espiritualmente fundamentada oferece uma correção essencial a esse tipo de luto. Ela nos recorda que jamais perdemos aquilo que aprendemos. Cada conflito com um chefe difícil, cada noite tardia dedicada ao aperfeiçoamento de um ofício torna-se uma aquisição interior — algo que não se inscreve em um currículo, mas no caráter.

Essa riqueza não depende de salário; torna-se parte do que somos. A perda de um papel social pode, assim, ser compreendida não como diminuição, mas como um convite: a passagem do ter para o ser.

Talvez a maior ilusão da cultura moderna seja acreditar que o valor de uma pessoa depende daquilo que ela produz. No entanto, as qualidades mais necessárias à vida humana — paciência, escuta, sabedoria, compaixão — raramente aparecem em relatórios de produtividade. Elas florescem no silêncio das relações e amadurecem justamente quando a pressa do desempenho deixa de dominar nossos dias.

É um convite para nos tornarmos mais do que produtores; é um convite para nos tornarmos participantes da vida da sociedade. O mundo necessita exatamente dos talentos que o mercado já não compra. Em organizações sociais, em centros comunitários ou na formação das novas gerações, a experiência torna-se um farol. Quando oferecemos nossas mãos para ajudar uma criança ou nossa sabedoria para orientar uma comunidade, já não trabalhamos para um chefe — trabalhamos para o Espírito da Humanidade.

Nesses espaços, os talentos não são apenas utilizados; são reconhecidos por seu valor intrínseco. Descobrimos que nosso valor jamais esteve no "impacto" de um título, mas no impacto de nossa presença, de nossa bondade e de nosso compromisso.

A dignidade do ser humano é intrínseca; é uma centelha do Divino que permanece intacta quer se esteja em um trono, quer em um quarto silencioso. Descobrimos que podemos ser "gênios" na arte de viver simplesmente porque finalmente nos alinhamos com nossa verdadeira natureza.

Esse alinhamento é o ouro que permanece depois que o sol amarelo do meio-dia se põe. Aprendemos que o trabalho foi apenas um palco temporário, um instrumento de crescimento, mas nunca o verdadeiro viajante. O trabalho mais importante de nossa vida jamais foi aquele que aparece em um currículo; foi o trabalho de nos tornarmos um Espírito capaz de permanecer na luz, mesmo quando os aplausos do mundo se dissolvem no silêncio.

Em última análise, a perda de status é um processo de redimensionamento do ego. Quando a cortina se fecha sobre nossa vida profissional, retiramos o pesado figurino do "produtor" e saímos para o ar fresco da nossa verdadeira identidade. Descobrimos que continuamos aqui — inteiros, dignos e profundamente amados — não pelo que fazemos, mas pelo simples e magnífico fato de existirmos.

A Faceta Amarela revela que a verdadeira medida de uma vida não está na quantidade que produzimos para o mundo, mas no quanto permitimos que o mundo produza em nós um Espírito mais profundo, mais autêntico e mais disposto a servir.

A perda do trabalho, porém, não é a desmontagem final da persona. Podemos afastar-nos dos títulos, abrir mão da autoridade e sobreviver ao silêncio dos aplausos — e ainda assim permanecer presos a outra superfície: a imagem que apresentamos ao mundo.

Se o Amarelo nos confronta com a pergunta "Quem sou eu quando já não produzo?", outra questão logo surge, mais íntima e menos pronunciada: "Quem sou eu quando já não deslumbro?"

Há fases da vida em que já não ocupamos o centro das funções, mas ainda permanecemos atentos ao reflexo no espelho. O papel pode desaparecer, mas o espelho permanece, e enquanto buscamos confirmação no olhar dos outros, o ego encontra novos terrenos sobre os quais construir sua identidade.

O prisma gira novamente — não em direção à utilidade, mas à visibilidade.

Pois além da perda do status existe um luto mais silencioso: o enfraquecimento da juventude, o desvanecer da beleza e a lenta retirada da desejabilidade. Se o Amarelo obscurece o sol da produtividade, o Prateado começa a turvar o espelho da aparência. E nessa turvação a alma precisa confrontar não aquilo que faz, mas a forma como acredita ser vista.

Capítulo 8 | A Faceta Prateada

O Espelho de Narciso e o Dom do Tempo

O prisma cintila em prata.

O envelhecimento revela o luto do eu refletido e o desvanecer da beleza exterior.

Aqui a alma aprende a passar do desejo de ser vista para o desejo de ser conhecida.

Se as facetas anteriores do prisma exploraram o peso da morte e a fragilidade da saúde, a Faceta Prateada volta-se para um desaparecimento mais silencioso: o desvanecer da juventude, a erosão da beleza e o lento recuo da desejabilidade. Este é o luto do "eu refletido".

Na anatomia do luto existe uma perda que raramente é lamentada em público, mas que percorre os corredores mais íntimos da mente: a perda do próprio reflexo. É o momento em que percebemos que o rosto que nos devolve o espelho já não é o mesmo rosto que sentimos habitar. O espelho começa a contar uma história que o eu interior ainda não aprendeu a aceitar. Dentro do prisma, esta faceta marca a passagem do brilho exterior para a luz interior.

Chamamos essa etapa de Faceta Prateada porque é a prata que confere ao espelho seu poder; é a camada opaca que permite ao vidro refletir o mundo. No outono da vida, essa prata aparece também em nossa própria coroa — os fios prateados que começam a emoldurar o rosto. Frequentemente tratamos esses fios como sinais de esgotamento, mas, na verdade, eles representam o prateamento do espelho da alma.

Assim como a camada de prata de um espelho precisa ser removida para que possamos ver através do vidro e alcançar uma realidade mais profunda, também nós precisamos ir além da obsessão pela superfície para perceber o espírito que existe por detrás.

Para compreender a natureza desse apego, precisamos revisitar o mito de Narciso. Muitas vezes interpretamos o narcisismo apenas como vaidade, mas o mito conta uma história muito mais trágica de desconexão. Narciso não amava a si mesmo; amava uma imagem que não sabia ser sua. Ele se deixou cativar por uma superfície — um reflexo na água, frágil, bidimensional e completamente dependente da quietude do lago. Narciso não morreu porque estava apaixonado; morreu porque estava preso. Não podia tocar a imagem que amava e tampouco conseguia afastar o olhar dela para descobrir o ser vivo que permanecia à margem.

Se Narciso representa a distração da imagem, um alerta ainda mais sombrio aparece na obra-prima de Oscar Wilde, *O Retrato de Dorian Gray*. Nessa narrativa, um jovem extraordinariamente belo faz um desejo fatal: permanecer eternamente jovem enquanto seu retrato pintado suportaria o peso do envelhecimento e de seus pecados. Dorian consegue "congelar" sua Faceta Prateada; sua aparência permanece impecável e radiante durante décadas. No entanto, essa vitória transforma-se em uma catástrofe espiritual. Ao recusar que seu corpo reflita sua própria história, sua alma se torna monstruosa. Wilde nos mostra que tentar parar o tempo é um ato de violência contra a alma. Quando nos recusamos a envelhecer, também nos recusamos a evoluir. O envelhecimento é o mecanismo que nos mantém honestos; ele garante que, em algum momento, nossa vida exterior se alinhe com nossa realidade interior.

Em uma era de filtros digitais e "correções" cirúrgicas, a Faceta Prateada nos recorda que um rosto sem história é uma alma sem mapa. Apagar uma ruga é silenciar uma narrativa. A Faceta Prateada é a crise que surge quando o "lago" começa a ondular e o retrato começa a mudar.

Tudo começa discretamente, muitas vezes com as primeiras rugas — esses hóspedes inesperados que desenham um mapa de experiências que nem sempre estamos prontos para ler. Sentimos essas marcas do tempo como uma traição, um vazamento súbito no recipiente da juventude. No entanto, esses sinais são uma cartografia sagrada da vida vivida. Uma ruga é o resíduo físico de mil sorrisos, de incontáveis preocupações e do peso de muitos olhares. É a maneira pela qual a pele perde elasticidade para que o Espírito ganhe profundidade.

Quando o cabelo se torna prateado, é como se o corpo vestisse finalmente as vestes reais da experiência. Se nossa identidade está totalmente ancorada na superfície lisa e ainda não escrita do passado, o surgimento desses fios prateados pode parecer uma dissolução do próprio eu. Surge então um conflito psicológico profundo, pois, em uma sociedade marcada pelo culto à juventude, a beleza funciona como uma espécie de moeda social. Quando a beleza se desvanece, muitos experimentam uma forma de invisibilidade social, acompanhada pela pergunta inquietante: se já não sou belo aos olhos do mundo, ainda sou valioso para mim mesmo?

No entanto, a "perda" da forma raramente é uma simples subtração; muitas vezes é uma troca sagrada. Talvez o exemplo mais profundo disso apareça na imagem de uma mulher grávida. À medida que seu corpo se expande, a forma "idealizada" que antes possuía é temporariamente abandonada. Contudo, essa aparente perda comove profundamente quem a observa. Olhamos para ela com reverência porque percebemos que seu corpo está sendo oferecido para trazer uma nova vida ao mundo. Sua perda torna-se o começo de outro ser. Essa é a parábola suprema da carne: o corpo foi criado para ser usado a serviço do amor.

Existe também uma história contemporânea que expressa a cura dessa faceta com uma clareza tocante. Uma menina derrubou acidentalmente um belo espelho da parede. Quando ele se estilhaçou no chão, ela começou a chorar. Sua avó a encontrou ali, ajoelhou-se ao seu lado e disse suavemente: "Não chore, minha querida. O espelho está em pedaços, mas olhe para você — você continua inteira aqui. Você não é os pedaços no chão."

Essa compreensão — a de que somos o observador, e não o reflexo — é o primeiro passo rumo à liberdade. Mas o segundo passo é ainda mais profundo, e ele se manifesta belamente na antiga arte japonesa do Kintsugi.

No Kintsugi, quando uma tigela de cerâmica se quebra, o artesão não tenta esconder as fissuras. Em vez disso, as rachaduras são reparadas com laca misturada a pó de ouro. A filosofia é simples e profunda: a peça torna-se mais bela justamente por ter sido quebrada. O ouro não restaura a tigela ao estado original; transforma-a em algo muito mais precioso.

Na Faceta Prateada, nossas vidas se parecem com o Kintsugi. Nossas rugas, nossos cabelos prateados e as cicatrizes de nossas experiências são as fissuras do vaso. A psicologia espiritual nos convida a preencher essas fissuras com o ouro da sabedoria, da compaixão e da resiliência.

Enfrentar essas mudanças é, sem dúvida, difícil — uma sucessão de despedidas silenciosas e cotidianas das versões de nós mesmos que um dia fomos. No entanto, nesse processo também existe uma libertação oculta. A reflexão espiritual e a compreensão psicológica nos lembram que o corpo físico não constitui a totalidade do nosso ser, mas sim uma vestimenta temporária e intencional. Sob essa superfície em transformação habita o Espírito — o eu duradouro, que não se diminui com o tempo e permanece intocado pelas leis biológicas da decadência.

À luz dessa compreensão, envelhecer não é um processo de esvaziamento, mas de refinamento. À medida que a máscara se torna mais frágil e transparente, ela começa a revelar uma beleza que a juventude não pode possuir — uma estética espiritual nascida da experiência.

Em última análise, a Faceta Prateada nos ensina a passar do desejo de ser vistos para o desejo de ser conhecidos. Compreendemos que o corpo não é o eu, mas o templo.

Pensemos no mistério do vidro do mar. Ele começa sua existência como algo industrial, duro e cortante. Entra no oceano como um objeto quebrado, áspero e perigoso. Porém, após décadas sendo revolvido pelas ondas, o mar não destrói o vidro; ele o refina. As arestas afiadas são desgastadas pela areia, deixando uma superfície fosca e suave. O que antes era claro e refletivo torna-se opaco e delicado; o que antes era perigoso transforma-se em joia.

Nós também somos como o vidro do mar. Perdemos nossa "perfeição" — as arestas agudas da juventude e os reflexos claros da vaidade — no movimento contínuo dos anos difíceis. Contudo, nesse processo encontramos nosso verdadeiro valor. Tornamo-nos gemas que já não se preocupam com o reflexo da superfície, porque se tornaram vasos através dos quais a luz pode atravessar.

Quando o espelho finalmente se quebra, não desaparecemos no esquecimento. Apenas deixamos de olhar para os fragmentos no chão e passamos a enxergar a vida que permanece — moldada pelas ondas, preenchida pelo ouro do Kintsugi, e ainda inteira, luminosa e eterna no centro da sala.

Entretanto, existe um perigo oculto até mesmo no refinamento da prata.

Libertar-se do apego à juventude é libertador. Aceitar o espelho em transformação é maturidade. Mas, se a identidade permaneceu por muito tempo ancorada naquilo que foi perdido — seja beleza, papel social, vitalidade ou reconhecimento — o desaparecimento dessas imagens pode deixar mais do que humildade: pode deixar um vazio.

Há momentos em que o espelho não apenas se obscurece, mas deixa de devolver qualquer imagem. Já não se lamenta apenas uma ruga ou um papel que desapareceu; começa-se a lamentar o desaparecimento do próprio eu que antes animava aquela imagem. O prisma se obscurece não porque a luz tenha desaparecido do mundo, mas porque deixou de ser refletida.

Quando o luto deixa de se mover, quando o pesar deixa de respirar, quando a tristeza se transforma em estrutura em vez de passagem, a alma entra em outro território — não o crepúsculo da maturidade nem o prateamento da sabedoria, mas a absorção da luz.

E assim surge a próxima refração: a Faceta Escura.

Capítulo 9 | A Faceta Sombria

Os Labirintos do Luto e da Depressão

O prisma mergulha na sombra.

O luto torna-se pesado o suficiente para absorver a luz do sentido.

Aqui a alma confronta o risco de perder a si mesma.

No espectro do prisma, a Faceta Escura representa a absorção da luz. Na física clássica, o preto não é propriamente uma cor, mas uma condição na qual a luz que chega é inteiramente absorvida, sem que nada seja refletido de volta. É um estado de consumo total.

No itinerário da alma, essa condição corresponde ao território dos labirintos do luto e da depressão profunda — a "Nuvem Cinzenta" que se instala quando o luto deixa de ser um caminho e se transforma em residência permanente. Trata-se de uma perda particularmente aterradora, porque não é apenas a perda de alguém ou de alguma coisa; é a perda do próprio eu que antes sabia viver com aquela ausência.

Não perdemos apenas um ente querido, um papel social ou uma sensação de estabilidade. Perdemos também o ponto de vista a partir do qual experimentávamos o mundo. O "eu" que antes navegava pela vida começa a dissolver-se na sombra, até que nos tornamos quase indistinguíveis da escuridão que habitamos. Nesse estado, a alma aproxima-se de uma espécie de zero absoluto espiritual — uma condição em que o movimento da esperança desacelera até quase parar, e o coração entra em um profundo inverno interior.

Quando ficamos presos nessa faceta, a dor pode tornar-se nossa única identidade confiável. Instalamo-nos em algo que poderíamos chamar de consciência de vítima, entregando nossa agência interior à tragédia que nos atingiu. Passamos a caminhar pelo mundo como fantasmas — fisicamente presentes, mas emocionalmente congelados.

Essa condição é retratada na antiga tragédia grega de Níobe. Rainha que perdeu todos os filhos sob a ira divina, Níobe não apenas lamentou sua perda; foi consumida por sua dor até que sua própria biologia cedeu ao desespero. O mito conta que ela fugiu para o Monte Sípilo e foi transformada em pedra. Tornou-se a "Rocha que Chora", um monumento de dor imutável que continuava a derramar lágrimas mesmo permanecendo inerte.

Níobe representa o arquétipo da alma que se calcifica para proteger-se de sentir novamente, mas que continua a sangrar interiormente. Para quem habita a Faceta Escura, a pedra torna-se uma defesa: se sou pedra, não posso ser ferido novamente. Se sou pedra, não preciso mais suportar o ciclo das estações de um mundo que ousou continuar girando depois que o meu parou.

Nesse estado, o indivíduo frequentemente perde o tempo futuro do próprio vocabulário. A mente transforma-se em um circuito fechado, orbitando incessantemente o momento do impacto. A tragédia deixa de ser algo que aconteceu no passado; torna-se um presente permanente. O próprio tempo parece suspenso.

Essa estagnação psíquica cria outra armadilha sutil: a crença de que curar-se seria uma forma de traição. Se a dor suavizar, a pessoa teme que a memória do que foi perdido também desapareça. Assim, a escuridão passa a ser guardada como se fosse uma relíquia sagrada. Surge aquilo que poderíamos chamar de "narcisismo da agonia". Nosso sofrimento torna-se tão vasto, tão singular, que parece eclipsar o sofrimento de todos os outros. Começamos a acreditar que nossa dor nos concede uma espécie de exceção trágica às responsabilidades de continuar vivendo ou amando novamente.

Uma perspectiva psicológica e espiritual sugere que essa estagnação frequentemente reflete uma forma de rebelião existencial. Trata-se de uma recusa silenciosa em aceitar as leis de transição que governam a existência. Um ciclo terminou, mas nos recusamos a reconhecer seu encerramento. Nessa recusa, construímos uma barragem psíquica contra o fluxo da vida.

O luto transforma-se então em um escudo — algo que nos protege da aterradora responsabilidade de recomeçar. Em alguns casos, a tristeza torna-se estranhamente familiar, até mesmo viciante, porque é o único estado que parece autêntico em um mundo que se tornou irreconhecível.

Nesse padrão mental, também podemos entrar em uma condição de parasitismo mental e espiritual. Sustentada por um padrão vibratório baixo de pensamentos e emoções, a mente começa a sincronizar-se cada vez mais com frequências semelhantes, tanto do próprio subconsciente quanto do ambiente ao redor. Em vez de elevar o espírito, esses padrões passam gradualmente a reforçar o peso da atmosfera interior.

A Faceta Escura manifesta-se também como um fechamento dos sentidos. A Nuvem Cinzenta age como um filtro que drena a cor do mundo. A comida perde o sabor. A música torna-se ruído. A beleza da natureza parece estranhamente irrelevante, às vezes até ofensiva diante da tristeza interior.

É a petrificação dos sentidos, quando a alma se recolhe tão profundamente em seu interior que o mundo exterior deixa de alimentá-la. O indivíduo não está apenas triste; sente-se deslocado da própria vida.

E, no entanto, mesmo aqui a transformação ainda é possível.

É importante afirmar com clareza que o desespero em si não é algo bom. A Faceta Escura é dolorosa, exaustiva e frequentemente assustadora. Ainda assim, no grande livro da natureza encontramos um padrão revelador: algumas das transformações mais profundas ocorrem na escuridão.

Uma semente não germina à luz do sol; ela se rompe sob a terra. A lagarta não cria asas à luz do dia; ela se dissolve completamente na escuridão do casulo.

O mesmo pode acontecer com o espírito humano. Aquilo que parece ser uma noite absoluta da alma nem sempre é um estado de morte. Pode ser, ao contrário, um estado de incubação. Sob a imobilidade do desespero, uma reorganização invisível pode estar ocorrendo — uma lenta reestruturação dos fundamentos do ser.

A psicologia contemporânea reconhece um fenômeno semelhante conhecido como crescimento pós-traumático. Estudos têm demonstrado que pessoas que atravessam perdas profundas ou experiências traumáticas às vezes emergem com maior resiliência, compaixão ampliada e um renovado sentido de propósito. Como observou certa vez Martin Luther King Jr., "Somente quando está suficientemente escuro podemos ver as estrelas".

Romper a Faceta Escura, entretanto, raramente ocorre apenas pela espera passiva. Como a alma se encontra imobilizada, a cura frequentemente exige um triplo despertar: apoio psicológico, reeducação espiritual e ação ética.

A terapia profissional pode ajudar a desfazer a identidade que se fundiu com o trauma. A perda pode ser real e devastadora, mas a identidade construída em torno dela pode transformar-se em uma prisão. A terapia é o trabalho paciente de esculpir a pedra de Níobe até que o tecido vivo volte a respirar.

A reeducação espiritual restaura a perspectiva. Ela recorda ao espírito imortal que nenhuma perda é definitiva e que a Nuvem Cinzenta é apenas um fenômeno climático passageiro, não o próprio céu. Se aceitamos a continuidade da alma, precisamos reconhecer que nossa estagnação não serve nem a nós nem àqueles que perdemos. Se aqueles que amamos continuam na luz, nossa recusa em viver não pode honrá-los.

Por fim, a cura exige um movimento de retorno à vida em sua dimensão ética. O coração que se petrificou frequentemente começa a amolecer quando se coloca a serviço dos outros. O gesto de aliviar o peso de outra pessoa rompe o círculo fechado do sofrimento voltado para si mesmo e devolve a alma à corrente viva da existência.

Esta é a Lei do Trabalho em sua expressão mais luminosa: o trabalho da alma retornando à corrente viva da existência.

A Faceta Escura, portanto, não é um buraco negro. Ela pode tornar-se solo fértil.

A natureza raramente desperdiça a escuridão. Aquilo que parece sepultamento muitas vezes é preparação.

Você não está sendo enterrado.

Você está sendo plantado.

A Rocha que Chora de Níobe não é seu destino final. Sob a pedra, o coração do espírito continua a pulsar, reunindo forças para romper a crosta do desespero. A escuridão não existe para que você retorne à pessoa que um dia foi; ela existe para que você emerja como alguém capaz de erguer-se para uma luz maior.

Quando a Faceta Escura começa a afrouxar seu domínio — quando a pedra se amolece e a semente enterrada começa a despertar — uma nova pergunta inevitavelmente surge.

Já não é apenas:

"Como sobreviver a esta perda?"

Outra pergunta, mais profunda, aparece:

"Qual era a natureza do vínculo que tornou essa perda tão devastadora?"

Pois sob o colapso da identidade e a petrificação da esperança existe algo ainda mais fundamental do que o próprio luto: o apego.

Não descemos à escuridão apenas porque algo terminou. Descemos porque algo dentro de nós estava entrelaçado com aquilo que terminou.

O prisma, tendo absorvido a luz, volta-se agora para dentro — não em direção à patologia, mas à estrutura.

O que liga os seres humanos uns aos outros?

O que faz o amor ser luminoso em uma estação e sufocante em outra?

Por que o fio que antes nos sustentava começa a parecer uma amarra quando a separação chega?

Para compreender a sombra, precisamos examinar o fio.

E assim o prisma gira novamente, revelando a próxima faceta — não a escuridão do desespero, mas a arquitetura da conexão.

Capítulo 10 | O Fio

Apego, Amor e o Medo da Separação

O prisma revela um fio de luz.

O amor une as almas através do tempo, mas o medo aperta o nó.

Aqui o coração precisa aprender a diferença entre conexão e posse.

Na arquitetura do prisma, se as facetas anteriores trataram dos impactos externos da perda — a ruptura da saúde, o desaparecimento do status profissional ou o enfraquecimento da vitalidade física — esta faceta volta o olhar para dentro, em direção à própria natureza do vínculo. Toda relação, seja com uma pessoa, com uma carreira ou com uma versão querida de nós mesmos, é sustentada por um fio invisível de energia — uma ressonância psíquica e espiritual que ultrapassa os limites físicos da pele e dos ossos.

Em seu estado mais saudável, esse fio é flexível e luminoso. Ele representa um equilíbrio precioso que permite distância, crescimento pessoal e o movimento rítmico entre dois seres distintos. Funciona como a corda de um instrumento musical: precisa de certa tensão para produzir uma nota, mas nunca pode ser esticada a ponto de se romper, nem frouxa a ponto de silenciar.

Entretanto, quando o luto é antecipado ou vivido através da lente do medo, esse fio sofre uma transformação perigosa. Deixa de ser conexão e se torna amarra. A pergunta central desta faceta é aquela que assombra o coração humano:

Por que o amor — e a perda daquilo que amamos — dói tão profundamente quando se transforma em apego?

Para responder a essa pergunta, precisamos distinguir entre o Amor que Liberta e o Apego que Aprisiona. O amor é expansivo e solar. Ele busca o bem-estar e a evolução do outro, mesmo quando essa evolução conduz a caminhos diferentes ou a outros estados de existência. O apego, ao contrário, é um contrato do ego enraizado no medo do vazio. Não nos agarramos porque amamos mais intensamente; agarramo-nos porque tememos quem nos tornaríamos sem o outro. Pessoas, papéis ou identidades passam silenciosamente a sustentar nossa sensação de valor.

Grande parte do sofrimento em torno da perda nasce de um Contrato de Permanência silencioso que assinamos com o mundo. Esse contrato invisível exige:

Você nunca deve mudar.

Você nunca deve partir.

Mas essa é uma exigência impossível — uma tentativa de desafiar a lei fundamental do movimento que governa o universo. O sofrimento surge do atrito entre nosso desejo de permanência e a transformação contínua da realidade.

A cura exige substituir esse contrato por algo mais humilde e mais sagrado: um Pacto de Presença. Um pacto não promete duração nem garante resultados. Ele é, antes, um acordo consciente de estar plenamente presente no momento vivo da relação, sabendo que todas as formas são transitórias.

Do ponto de vista psicológico, a recusa em passar do contrato para o pacto leva ao que poderíamos chamar de fusão emocional, um estado em que as fronteiras entre o "eu" e o "tu" colapsam em uma singularidade confusa. Começamos a acreditar que nossa felicidade, nossa estabilidade e até nossa identidade dependem inteiramente da presença do outro. Quando essa pessoa parte — ou quando a saúde falha ou uma carreira termina — a experiência não é apenas tristeza. Parece uma amputação.

Já mencionamos anteriormente o "membro fantasma" do luto. Aqui encontramos sua raiz energética: a mente continua enviando sinais de expectativa para um espaço onde já não existe receptor. É esse apego que produz as formas mais dolorosas de luto. Não estamos apenas lamentando uma pessoa ou um papel — estamos lamentando aquilo que, equivocadamente, tratamos como se fosse um órgão vital da nossa própria psique.

O amor maduro compreende algo diferente. Reconhece que dois seres completos escolheram caminhar juntos. A forma da relação pode mudar, mas o valor e a essência do espírito permanecem intactos.

Para avançarmos em direção à libertação, precisamos primeiro identificar e desfazer aquilo que podemos chamar de **Três Nós do Apego**. Ao longo de diversas tradições espirituais e psicológicas, o sofrimento humano foi frequentemente descrito como um conjunto de "nós" interiores — pontos onde a energia da vida se enreda e perde sua fluidez. Aqui os compreendemos como uma síntese inspirada nas pesquisas de Murray Bowen sobre fusão emocional, nas reflexões psicológicas sobre individuação presentes no pensamento espiritual e no currículo simbólico da alma explorado por Robert A. Johnson em sua interpretação do mito de Eros e Psiquê.

Esses nós representam os pontos onde a energia de nossas vidas permanece enredada no passado.

O primeiro é o **Nó da Culpa** — o pensamento persistente:

"Eu deveria ter feito mais."

Esse nó prende a mente a um passado que não podemos alterar. Muitas vezes ele se apoia na ilusão sutil de que tínhamos controle sobre o destino de outra pessoa ou sobre o curso de nossa própria saúde. Reconhecer que não possuíamos tal poder não é derrota; é um ato de humildade diante dos ciclos da vida.

O segundo é o **Nó da Identidade** — a pergunta inquietante:

"Quem sou eu sem eles?"

Aqui nosso senso de identidade torna-se dependente de outra pessoa ou de um determinado papel.

Se nossa identidade colapsa quando o outro desaparece, então essa identidade nunca foi inteiramente nossa — era uma máscara construída em relação a eles. Desatar esse nó exige o trabalho corajoso da individuação: recuperar as partes de nós mesmos que projetamos em pessoas, posições ou expectativas. O outro nunca foi a fonte da nossa luz; foi o espelho que nos permitiu vê-la. Quando o espelho se move, a luz permanece com sua origem.

O terceiro nó é o **Nó das Palavras Não Ditas** — a sensação de que algo essencial ficou por ser expresso.

Esse nó constrói uma parede ilusória de silêncio. Permanecemos presos ao momento porque imaginamos que a comunicação terminou com a ausência física. No entanto, as formas mais profundas de comunicação frequentemente ultrapassam a linguagem. Agarramo-nos ao não dito porque isso nos permite adiar o adeus.

Desatar esses três nós não significa esquecer o amor ou apagar a história vivida. Significa permitir que o amor deixe de ser uma prisão do passado e se transforme em uma força viva que continua a nos acompanhar no caminho.

O mito de Eros e Psiquê oferece um mapa simbólico poderoso para toda essa jornada. Psiquê, uma mulher mortal, torna-se a esposa secreta de Eros, o deus do Amor, sob uma condição: ela nunca deve olhar seu rosto. Movida pelo mesmo medo da incerteza que alimenta o apego possessivo, Psiquê acende uma lâmpada enquanto Eros dorme. Uma gota de óleo quente cai sobre seu ombro, e, ferido pela falta de confiança, ele voa para longe.

A longa jornada de Psiquê para reconquistá-lo torna-se o currículo da alma no amadurecimento do amor através do sofrimento. Ela precisa cumprir tarefas aparentemente impossíveis: separar sementes do desejo, recolher a lã dourada sem ser consumida pelo poder, conter o fluxo de emoções avassaladoras e descer ao mundo subterrâneo para confrontar a própria morte.

O mito revela uma verdade profunda: o amor não pode sobreviver onde a confiança é substituída pelo controle. Quando tentamos iluminar todos os mistérios da vida com a lâmpada da certeza, muitas vezes queimamos exatamente aquilo que desejávamos preservar.

Sob uma perspectiva espiritual, essa evolução psicológica em direção ao desapego reflete uma lei mais ampla do desenvolvimento da alma. Os seres humanos não se encontram para se possuir, mas para aprender a amar como espíritos livres. A posse, nesse sentido, torna-se o túmulo do amor. Quando tratamos uma pessoa, um talento ou um papel como algo que nos pertence, violamos a liberdade fundamental que governa o universo espiritual.

O luto que segue o rompimento dos vínculos possessivos é doloroso, mas essa ruptura também pode tornar-se o início da liberdade. Pois o fio essencial do amor nunca é realmente cortado. Quando um vínculo é construído sobre afinidade e não sobre necessidade, ele sobrevive ao véu físico da morte. Apenas os nós da posse se rompem.

Quando abandonamos o desejo de controlar aquilo que perdemos, frequentemente descobrimos que sua essência se torna mais presente do que antes.

Passamos da luta de possuir para a paz silenciosa da comunhão.

Essa compreensão ecoa belamente no mito do fio de Ariadne. Ariadne ofereceu a Teseu um fio não para aprisioná-lo no Labirinto, mas para guiá-lo com segurança através dele. Nossos relacionamentos — com pessoas, papéis ou até mesmo com nosso próprio corpo — foram feitos para funcionar da mesma forma. São guias através da experiência, não o destino final.

No entanto, o luto frequentemente nos deixa vagando pelo labirinto porque nos agarramos ao fio como se ele fosse o próprio caminho. Apertamo-lo com tanta força que deixamos de avançar.

A cura exige um gesto diferente: precisamos aprender não apenas a segurar o fio, mas a tecê-lo. Memórias, perdas e amores tornam-se fios na tapeçaria do nosso próprio tornar-se. Objetos, papéis e identidades possuem apenas o valor que lhes atribuímos. Com o tempo, precisamos soltar certos padrões para poder tecer novos significados.

Deixar ir, portanto, não é destruição.

É transformação.

O amor não é aquilo que mantemos preso, mas aquilo que permanece quando deixamos partir.

Despertar através do Fio significa reconhecer que nenhum ser humano, nenhuma profissão e nenhuma condição física pode ser a fonte definitiva da nossa luz. Eles são espelhos que refletem uma luminosidade que já carregamos. Como Psiquê, precisamos atravessar as tarefas do luto até encontrar o amor não como senhor ou muleta, mas como igual.

Quando finalmente abrimos a mão fechada, o fio não desaparece. Ele repousa suavemente na palma aberta. Torna-se uma ponte de luz entre dois viajantes — para sempre conectados, mas para sempre livres.

Mesmo quando aprendemos a amar sem apego e o vínculo amadurece em presença, ainda resta um outro limiar a atravessar: compreender o que acontece com o amor quando a separação se torna real.

Chega um momento em que o medo da separação deixa de ser hipotético. A pergunta muda de "E se eu te perder?" para algo muito mais imediato:

O que acontece com o amor quando a pessoa amada já não está fisicamente aqui?

O fio estende-se em direção a um horizonte que não pode atravessar completamente.

Nesse horizonte, a alma encontra um intervalo silencioso — um espaço vazio onde o fio parece dissolver-se e onde o sentido já não se sustenta apenas pela presença.

É ali que surge outra dimensão do luto: não apenas a dor daquilo que foi perdido, mas o silêncio daquilo que jamais chegou a existir.

Antes que a alma possa aproximar-se do mistério mais profundo que existe além da separação, ela precisa primeiro aprender a permanecer nesse intervalo — o espaço que podemos chamar de Vazio.

Capítulo 11 | O Vazio

O luto do que nunca foi

O Vazio é a ausência de luz.

Não a escuridão — pois até a escuridão ainda reflete cor — mas um vazio transparente. Na arquitetura do prisma, ele não é uma cor, mas o intervalo silencioso entre as cores — o lugar onde a luz não chega.

Nesse sentido, o Vazio nos recorda que algumas formas de luto não são acontecimentos, mas silêncios.

Nem todo luto nasce de algo que um dia existiu. Algumas formas de dor surgem daquilo que nunca chegou a existir.

Na paisagem da experiência humana existem ausências que não deixam traço visível. Nenhuma morte ocorreu, nada foi quebrado, nenhuma despedida foi pronunciada. Ainda assim, o coração pode carregar uma perda silenciosa e persistente.

O filho que nunca nasceu.

O amor que nunca chegou.

A vocação que permaneceu apenas um sonho.

O irmão ou irmã que nunca compartilhou nossa infância.

A vida que imaginamos, mas nunca habitamos.

Essas perdas são frequentemente difíceis de nomear, pois não existe um acontecimento claro que as assinale. Não há funeral para a vida que não vivemos, nem fotografia do filho que nunca existiu, nem aniversário para o caminho que silenciosamente desapareceu. O mundo tende a reconhecer o luto quando algo visível se perde, mas tem dificuldade em reconhecer a dor por possibilidades que jamais tomaram forma. A alma humana, porém, não vive apenas do que aconteceu; ela também vive daquilo que esperou que pudesse acontecer. Nem sempre a vida acompanha essas expectativas, e é nesse desencontro que muitas vezes nasce o luto pelo que nunca foi.

Toda vida contém expectativas silenciosas. Desde cedo começamos a construir paisagens interiores do futuro: relações que imaginamos formar, trabalhos que nos vemos realizando, famílias que acreditamos que crescerão ao nosso redor, lugares aos quais esperamos pertencer. Esses futuros imaginados raramente são fantasias vazias. Tornam-se parte de nossa identidade. Crescemos em direção a eles, orientamos por eles as nossas escolhas e, quase sem perceber, os entrelaçamos no significado de nossas vidas.

Quando tais possibilidades nunca se concretizam, a ausência que deixam pode ser profundamente sentida. Uma pessoa pode carregar o luto silencioso de uma vocação não realizada — o artista que nunca encontrou coragem ou oportunidade para criar, o médico que nunca seguiu a profissão que um dia o chamou, o professor que imaginou uma vida orientando outros, mas foi conduzido por um caminho diferente.

Há também quem experimente a dor da migração e da perda da terra natal. A partida pode ter sido necessária, até esperançosa. Ainda assim, algo permanece suspenso na memória: a língua falada sem esforço, as ruas familiares da infância, o sentimento de pertencimento que um dia existiu sem questionar. A vida continua em outro lugar, mas parte do futuro imaginado ligado àquele lugar silenciosamente se dissolve.

Há ainda aqueles que carregam o peso de caminhos abandonados por responsabilidade. Um sonho colocado de lado para cuidar dos pais, oferecer estabilidade aos filhos ou simplesmente atender às exigências da vida. O sacrifício pode ter sido livremente escolhido e até nobre, mas, em algum lugar da alma, outra vida ainda permanece — como uma história cujo último capítulo nunca foi escrito.

O Vazio é o luto da vida não vivida.

Por não possuir forma concreta, ele muitas vezes permanece invisível tanto para os outros quanto para nós mesmos. Talvez nem o reconheçamos como tal. Em vez disso, manifesta-se como uma inquietação sutil — uma comparação silenciosa entre a vida que é e a vida que poderia ter sido.

A psicologia moderna procurou dar nome a experiências como essa. Pesquisadores por vezes falam de luto não reconhecido (*disenfranchised grief*), referindo-se a perdas que a sociedade não reconhece ou não acolhe abertamente. Quando a tristeza não corresponde a um acontecimento identificável, ela pode permanecer sem expressão, deixando a pessoa sem os rituais coletivos que normalmente ajudam o luto a encontrar forma.

Próximo a essa ideia está o conceito de luto ambíguo, uma forma de dor que carece de limites claros ou de um objeto tangível. Nesses casos, a perda não é facilmente definida. O que se lamenta pode ser uma possibilidade, uma relação ou uma trajetória de vida que nunca chegou a se concretizar plenamente.

Esses conceitos ajudam a iluminar algo importante sobre a condição humana. A imagem do Vazio, porém, expressa uma verdade ainda mais profunda: ela nos lembra que a vida é moldada não apenas pelo que acontece, mas também pelo que não acontece.

O símbolo do prisma ajuda-nos a compreender isso com mais clareza.

Num prisma físico, a luz branca se separa em um espectro de cores. À primeira vista, o espectro parece contínuo, como uma faixa de luz que flui de um tom a outro. No entanto, entre as cores existem transições delicadas nas quais uma tonalidade se dissolve na seguinte. O espectro não é uma faixa sólida, mas uma sequência de intervalos sutis.

O Vazio pode ser imaginado como um desses intervalos — um espaço fino e transparente entre as cores. Não negro, não cinza, mas simplesmente um espaço vazio, quase como uma pausa entre notas na música.

Na estética japonesa há uma palavra para esse tipo de intervalo significativo: **Ma**. Ela se refere ao espaço entre as coisas — a pausa que dá ritmo à música, o espaço aberto que permite a uma pintura respirar, o momento de silêncio que dá profundidade a uma conversa.

De modo semelhante, o Vazio, no prisma do luto, não é apenas ausência. É o espaço silencioso no qual a vida lentamente se reorganiza.

Os mitos antigos compreenderam essa relação misteriosa entre ausência e significado muito antes de a psicologia dar-lhe um nome. Uma das reflexões mais duradouras aparece no mito grego de Pandora.

Segundo a narrativa, Pandora abriu um jarro que libertou no mundo todos os sofrimentos — doença, tristeza, inveja, conflito. Somente quando finalmente fechou a tampa algo permaneceu dentro: a esperança.

Durante séculos, estudiosos debateram o significado dessa imagem. Por que a esperança permaneceu no jarro? Teria sido preservada para a humanidade ou retida dela?

Talvez o mito sugira algo ainda mais profundo. A esperança existe precisamente porque a vida contém vazios. Se todo desejo fosse realizado e todo sonho se concretizasse, a esperança deixaria de ser necessária. O desejo se apagaria e, com ele, o movimento que impulsiona a vida humana adiante.

Os espaços vazios de nossas vidas tornam-se recipientes da esperança.

Se o mito de Pandora revela a dimensão cósmica do Vazio, a tradição sagrada oferece uma imagem mais íntima de como o coração humano encontra esse vazio.

Entre as histórias preservadas nas Escrituras hebraicas, poucas expressam essa experiência de maneira tão delicada quanto a oração de Ana. Ela estava no santuário de Siló, cercada de pessoas e, ainda assim, profundamente só. Outros haviam vindo oferecer gratidão pelas bênçãos já recebidas. Ana carregava algo diferente: um vazio que não conseguia esconder.

Seus braços nunca haviam embalado uma criança. Sua casa nunca havia ecoado com o riso que ela imaginara. O berço de seu futuro permanecia vazio, e essa ausência pesava em seu coração mais do que qualquer perda visível.

Então ela orou. Seus lábios se moviam, mas nenhum som saía. Aqueles que a observavam não compreenderam a profundidade de sua emoção. Não podiam perceber que sua oração não era apenas um pedido, mas a expressão de um anseio que vivera silenciosamente dentro dela por anos.

Ana não estava apenas pedindo um filho. Ela colocava diante do Divino o luto de uma possibilidade que nunca havia tomado vida. Naquele momento, o próprio Vazio tornou-se sua oferenda.

A narrativa conta que sua oração foi finalmente atendida e que um filho nasceu — Samuel. Samuel tornaria-se um dos grandes profetas de Israel, guiando o povo em um momento decisivo de sua história e ungindo os primeiros reis de Israel, Saul e Davi.

Fiel à promessa que fizera, Ana consagrou o menino ao Senhor e o levou ao templo ainda criança. O filho tão esperado não se tornaria uma posse, mas uma oferta.

A parte mais comovente da história, porém, encontra-se antes mesmo desse cumprimento, na coragem silenciosa de um coração humano disposto a levar seu vazio à presença do sagrado.

Há lutos que nascem não daquilo que a vida tirou, mas daquilo que a vida nunca deu.

O Vazio, portanto, coloca uma pergunta delicada diante de cada vida humana: como viver com os espaços que permanecem não preenchidos?

Uma resposta é a amargura — a comparação constante entre a vida que habitamos e a vida que imaginamos. Outra resposta é a negação — fingir que o sonho abandonado nunca teve importância.

Existe, porém, outra possibilidade.

Podemos aprender a habitar o Vazio sem permitir que ele obscureça a luz que está presente.

Uma vida plena não é aquela que realizou todos os sonhos. É aquela que aprendeu a reconhecer o significado que ainda pode emergir dentro de seus limites. Os caminhos que realmente percorremos possuem sua própria beleza, mesmo quando são diferentes daqueles que um dia imaginamos.

Toda vida contém duas paisagens: aquela que percorremos e aquela que sonhamos. A sabedoria está em honrar ambas sem permitir que a segunda obscureça a primeira.

O Vazio, então, não precisa permanecer um lugar de arrependimento. Pode tornar-se um espaço silencioso de humildade, lembrando-nos de que a vida é maior que nossos planos e mais rica que nossas expectativas.

Talvez essa seja a lição silenciosa que ele guarda: antes que o luto revele seus mistérios mais profundos, a alma precisa aprender a permanecer em paz nos espaços da vida que nunca habitamos.

E é ali, nesse intervalo transparente entre expectativa e realidade, que o primeiro vislumbre de luz além do Vazio começa a surgir — o lugar onde começamos a nos aproximar do Véu.

Capítulo 12 | O Véu

A Morte e a Ressignificação da Ausência

O prisma suaviza-se em névoa.

A morte parece separar aquilo que o amor um dia manteve unido.

Aqui a alma precisa aprender que ausência não é o fim da presença.

Se o Fio nos ensinou sobre o apego e o medo de perder aquilo que amamos, o Véu nos confronta com a perda em sua forma mais radical. Aqui, a separação já não é apenas temida ou imaginada; ela se concretiza. O que antes tremia na ansiedade do "E se?" agora se ergue diante do silêncio do "E agora?". O Fio já não se estende mais. Encontramo-nos diante de um limiar que parece absoluto.

No espectro do prisma, há um ponto em que as cores se dissolvem numa névoa suave e translúcida. Esse é o Véu. Ele representa a mais tênue das fronteiras

— aquela que separa o visível do invisível, o material do espiritual. Durante grande parte da vida, tratamos esse véu como se fosse um muro: uma barreira fria e definitiva que marcaria o fim de uma história compartilhada. Contudo, o luto, quando enfrentado com honestidade, nos ensina que o véu não é um muro, mas um horizonte. Ele obscurece a visão sem extinguir a realidade.

O desafio central desta faceta é a ressignificação da ausência. Quando alguém morre, o mundo físico declara que essa pessoa "se foi". A cadeira permanece vazia. A voz silencia. O toque familiar já não encontra nossa pele. Se permanecermos limitados ao testemunho dos sentidos, a ausência parece total e insuportável. A cura exige ampliar a percepção. Precisamos aprender a ver de outra maneira — não apenas com os olhos, mas com as faculdades interiores da memória, da consciência, da intuição e do amor.

Isso não é negação da realidade; é ampliação dela. A imortalidade não é uma consolação poética criada para suavizar o desespero, mas a própria vida transformada em seu modo de manifestação. O coração humano, contudo, não chega a essa compreensão sem resistência. O luto habita um território suspenso — um espaço entre saber e ainda não integrar plenamente aquilo que se sabe.

A física moderna oferece uma metáfora que expressa bem essa condição peculiar. No experimento mental conhecido como o gato de Schrödinger, um gato encerrado dentro de uma caixa selada é descrito como estando ao mesmo tempo vivo e morto até que a caixa seja aberta e seu estado observado. O paradoxo não está no animal em si, mas na incerteza do observador. Até que o ato de ver ocorra, o estado parece permanecer indefinido.

O luto frequentemente habita uma câmara semelhante. O quarto de quem partiu permanece intocado; a porta continua fechada. As roupas ficam dobradas exatamente como estavam, e um livro permanece aberto sobre a mesa de cabeceira, como se ainda aguardasse uma mão que nunca mais voltará. Um número de telefone não é apagado; certas ruas são evitadas; certos restaurantes deixam de ser frequentados.

Enquanto a porta permanece fechada e a rua não é percorrida novamente, a psique mantém uma suspensão delicada e dolorosa. Nesse estado imóvel, alimentamos a ilusão de que nada mudou definitivamente — de que, em algum lugar, numa dimensão que não alcançamos, o ser amado ainda habita o espaço familiar.

O Véu, porém, convida-nos a uma perspectiva mais elevada. Aqueles que chamamos de mortos são simplesmente os que depuseram um vestuário mais denso. Não entraram no vazio, mas em outro nível de existência. Não oramos por seu "descanso" como se estivessem adormecidos; buscamos entrar em comunhão com sua jornada que continua.

Essa incerteza contém ao mesmo tempo misericórdia e risco. Ela suaviza a brutalidade da ideia de fim e concede ao coração tempo para assimilar a ruptura. Mas, se prolongada indefinidamente, pode aprisionar-nos silenciosamente num tempo congelado. Podemos imaginar que, recusando-nos a "abrir a caixa", estamos preservando o próprio amor. Na verdade, talvez estejamos apenas preservando o medo de transformar-nos.

O Véu não exige rompimentos bruscos. Não impõe um encerramento artificial. Ele convida ao amadurecimento. Chega um momento em que o quarto precisa ser novamente habitado, em que gavetas precisam ser abertas, em que o ar precisa voltar a circular. Esse gesto não é traição; é um rito de passagem.

O amor não reside na roupa intocada nem na gaveta fechada. O amor vive no significado que esses objetos um dia carregaram. Quando, com delicadeza, alteramos aquilo que parecia congelado no tempo, não estamos apagando quem partiu — estamos permitindo que o amor migre da forma para a essência.

A separação produz o que poderíamos chamar de um choque orgânico — uma ruptura visceral que repercute na memória, no corpo e na identidade. Mesmo quando possuímos uma compreensão espiritual da continuidade da vida, o corpo ainda registra a ausência. A saudade não é descrença. Não é fraqueza de fé. É o amor ajustando-se a novas condições.

Pode-se saber que a alma continua e, ainda assim, chorar pela perda da proximidade física. Lamentar a forma e honrar a essência não são gestos contraditórios; são as duas mãos do amor maduro.

Se há uma imagem capaz de esclarecer essa transição, é a do horizonte. Quando um navio atravessa o mar, chega um momento em que ele desaparece da vista. Para quem permanece na margem, parece ter desaparecido. No entanto, o navio não caiu no nada; apenas ultrapassou a linha visível da percepção. Seu desaparecimento é relativo ao observador, não absoluto na realidade.

A morte se assemelha a essa travessia. O ser amado não deixou de existir; apenas ultrapassou o horizonte da nossa visão atual. O Véu não é aniquilação; é um limite da percepção. Aquilo que sentimos como extinção é, na verdade, mudança de ponto de vista. O luto dói porque permanecemos na margem. A cura começa quando compreendemos que a existência continua além da linha que nossos olhos conseguem seguir.

Em muitas tradições espirituais e filosóficas, essa continuidade não é metáfora, mas coerência. Aqueles que atravessam o Véu não entram na inércia. Continuam pensando, aprendendo e evoluindo. Não foram apagados; foram transformados.

O afinamento ou o espessamento do Véu não é mecânico; é vibracional. Quando o desespero se endurece em revolta, a percepção se estreita. Quando a saudade se torna serena — já não desesperada, já não negadora — a ressonância torna-se possível. Nosso crescimento ético converte-se em alegria compartilhada. Nossa paz interior torna-se uma ponte.

A maneira mais autêntica de amar alguém além do Véu é viver com tal clareza e integridade que a própria vida se torne um sinal lançado além do horizonte.

Em última análise, o Véu nos ensina uma nova linguagem do amor. Nas outras facetas do luto, buscávamos segurança, identidade e pertencimento. Aqui somos convidados à essencialidade. Descobrimos que os aspectos mais vitais de uma pessoa nunca estiveram confinados à carne: sua bondade, seu humor, sua coragem moral, sua maneira única de ver o mundo.

Não se pode enterrar uma memória que transformou o caráter.

Não se pode cremar uma influência que moldou a consciência.

Não se pode selar a ternura dentro de um caixão.

O amor não termina. Ele muda de gramática.

Ele se conjuga de outra forma. Já não chega através de passos no corredor ou de uma voz familiar chamando nosso nome. Chega como força silenciosa quando estamos prestes a desistir. Chega como memória que aquece em vez de ferir. Chega como consciência que sussurra: viva bem.

A relação não desaparece; aprofunda sua invisibilidade. Aquilo que antes exigia toque agora exige confiança; aquilo que antes exigia proximidade agora exige interioridade.

Nunca estivemos diante de um muro. Estávamos diante de um horizonte. E todo horizonte é apenas o ponto de encontro entre o olhar e o mistério. Para além dele, a vida continua sua vasta e luminosa navegação.

E talvez o próprio luto seja o momento em que aprendemos que amar não é impedir a partida, mas continuar caminhando com aquilo que o amor nos ensinou a ser.

Mas quando o ser amado cruza essa linha distante, algo mais começa dentro de nós. O silêncio cria ecos. Perguntas retornam. Palavras não ditas emergem. A travessia externa dá lugar a uma jornada interior.

Nesse território interior, o luto não apenas vela o outro — ele começa a revelar a nós mesmos.

Quando a ausência é ressignificada, uma nova camada de luto surge. A perda do outro gradualmente dá lugar ao encontro com o próprio coração inacabado.

O silêncio amplifica a memória. Os ecos revelam o que ficou por resolver. Palavras não ditas retornam com força inesperada.

A morte não apenas separa; ela expõe.

Ela traz à luz os fios frágeis que deixamos emaranhados — arrependimentos, culpas, pedidos de perdão não feitos, amor imperfeitamente expresso. O horizonte que pensávamos estar fora de nós volta-se para dentro.

E assim o luto muda novamente de território. Já não gira em torno de quem atravessou o Véu; começa a percorrer os corredores da própria consciência.

O prisma volta-se para dentro, revelando uma nova geometria.

O Labirinto.

Capítulo 13 | O Labirinto

O Peso da Culpa e o Caminho do Perdão

O prisma curva-se para dentro, formando corredores sinuosos.

A memória percorre o passado em busca daquilo que poderia ter sido diferente.

Aqui a alma precisa confrontar a culpa e descobrir o caminho do perdão.

No itinerário do prisma, o Labirinto é a faceta em que a luz se volta para dentro e se aprisiona em reflexos repetidos. Aqui o luto já não olha para o horizonte nem através do Véu; ele gira sobre si mesmo. Quando uma perda é súbita, trágica ou sucede a uma relação marcada por tensões, a mente frequentemente recua do peso insuportável do presente e se refugia nos corredores do passado. Caminhamos incessantemente pelos intermináveis "e se", procurando o instante exato em que uma palavra diferente, uma escolha distinta ou um gesto alternativo poderia ter mudado o desfecho.

O Labirinto é construído com as pedras das questões inacabadas. Ele se ergue a partir do ritmo insistente de pensamentos como "eu deveria ter", "eu poderia ter", "por que não fiz?". Essas perguntas não são apenas circuitos mentais; são enredamentos espirituais. Muitas vezes a culpa é amor congelado — um desejo profundo de reparar aquilo que já não pode mais ser reparado na forma que conhecíamos.

Nesse território não lamentamos apenas quem partiu; lamentamos também a sensação de não termos sido suficientes para essa pessoa. A tragédia da perda é repetida em inúmeras variações dentro da mente, cada repetição uma tentativa de renegociar a realidade.

A mente acredita que, se encontrar o ponto exato da virada — a frase não dita, o gesto omitido — poderá restaurar o equilíbrio. O que ficou inacabado torna-se um chamado. O que permanece irresoluto exerce gravidade. Não entramos no Labirinto por curiosidade; somos atraídos para dentro dele pelos fios ainda não resolvidos do amor e do arrependimento. Quanto mais resistimos a essa descida, mais forte se torna sua força de atração. Aquilo que não enfrentamos não desaparece — permanece à espera.

No centro desse labirinto encontra-se uma ilusão sutil e poderosa: a ilusão de controle.

A culpa é paradoxal. Ela fere, mas também consola. Se conseguimos convencer-nos de que nossa ação — ou nossa omissão — causou a tragédia, então o mundo ainda parece obedecer a regras compreensíveis.

Se fomos responsáveis, talvez tudo pudesse ter sido evitado.

A alternativa é mais perturbadora: reconhecer que a vida se desenrola segundo um ritmo maior que a nossa vontade, e que nem mesmo o amor mais profundo pode suspender as leis da mortalidade.

Muitas vezes preferimos o ardor da culpa à dor mais fria da impotência. Reconhecer que não poderíamos ter salvado, previsto cada desvio ou contido a maré é confrontar os limites da própria condição humana. Enquanto permanecemos no território do "se ao menos", preservamos a ilusão de que éramos soberanos sobre os acontecimentos.

Mas essa soberania é imaginária. Ela nos prende a um diálogo sombrio conosco mesmos, em vez de nos reconectar à memória viva de quem perdemos.

O antigo mito grego do Labirinto oferece um mapa simbólico dessa luta interior. O rei Minos confinou o Minotauro — metade homem, metade fera — dentro de um imenso labirinto tão complexo que ninguém que nele entrasse conseguia facilmente encontrar a saída. A própria estrutura era feita para desorientar. Seus corredores se multiplicavam, bifurcavam e se reencontravam, espelhando a confusão daqueles que os percorriam.

O herói Teseu decidiu descer a essa estrutura sabendo que o confronto era inevitável.

O Labirinto, com seus caminhos que se dividem e retornam, reflete nossa própria busca através do luto. Testamos explicações. Ensaiamos conversas. Seguimos uma hipótese e depois outra. O método torna-se tentativa e erro. Caminhamos por um corredor da memória apenas para descobrir que retornamos à mesma câmara ainda não resolvida.

Cada caminho parece promissor, mas nenhum traz libertação. E assim, através dessa cadeia de tentativas, somos lentamente conduzidos ao centro.

Ali espera o Minotauro.

No luto, o Minotauro não é a morte em si. É o monstro interior — a voz implacável do autojulgamento que declara: "Você falhou." É a parte de nós que se recusa a conceder misericórdia. Ele devora a paz alimentando-se do arrependimento.

Teseu não entrou no labirinto de mãos vazias. Ariadne, movida pela compaixão, colocou em sua palma um fio frágil antes de sua descida. Era algo simples, quase insignificante — certamente não uma arma contra uma criatura feroz. O fio não impediu o confronto com o monstro, nem eliminou o perigo. Mas garantiu o caminho de volta.

Em nosso próprio labirinto de culpa, esse fio é o autoperdão.

Não indulgência.

Não negação.

Mas o reconhecimento lúcido de que agimos com a luz que possuíamos naquele momento. Não podemos julgar nosso eu passado com o conhecimento que apenas o sofrimento posterior revelou. Fazer isso seria exigir onisciência de um ser que sempre esteve em aprendizado.

O fio é a humildade. É aceitar que o amor não se mede pela perfeição, mas pela sinceridade do esforço.

Enfrentar o Minotauro exige coragem. Voltar exige consciência. O perdão não apaga a responsabilidade; ele restitui a proporção. Recorda-nos que somos participantes do desenrolar da vida, não seus arquitetos.

Em muitas tradições espirituais, a jornada humana é compreendida como um tecido entrelaçado ao longo do tempo. Aquilo que parece inacabado raramente se perde; transforma-se. O desejo de reparar não desaparece com a morte — ele busca novas formas de expressão.

Se palavras ficaram por dizer, se gestos de ternura foram omitidos, o luto nos convida não a permanecer paralisados diante da ausência, mas a redirecionar o amor para a presença. Cada ato de bondade realizado em nome de quem perdemos torna-se continuidade, não compensação.

Passamos do terreno estéril do "se ao menos" para o solo fértil do "daqui em diante".

Isso é reparação — não como pagamento, mas como renovação.

Quando acreditamos ter falhado com alguém que atravessou o Véu, muitas vezes o imaginamos congelado em decepção. Mas a maturidade nos convida a outra possibilidade: aqueles que veem com mais clareza não desejariam nos ver aprisionados na autodenúncia.

Se o amor continua, também a misericórdia continua.

Os que partiram não precisam de nossa punição interminável; precisam de nosso crescimento.

O Labirinto começa a perder sua força quando percebemos que a culpa é frequentemente uma forma invertida de orgulho. Ela presume que poderíamos ter controlado aquilo que jamais esteve sob nosso comando. Libertar-se da culpa não significa minimizar responsabilidades. Significa apenas distinguir entre aquilo que nos pertencia e aquilo que nunca nos pertenceu.

Com o tempo, no centro do labirinto, o Minotauro parece menos monstruoso. Muitas vezes ele se revela como um fragmento assustado de nós mesmos — uma criança interior convencida de que a tragédia prova sua falta de valor. Quando oferecemos a esse fragmento compaixão em vez de condenação, suas garras se retraem. A fera se dissolve em vulnerabilidade.

Seguimos o fio de volta — não triunfantes, mas esclarecidos.

O Labirinto nunca foi uma prisão; foi uma iniciação.

Ele nos ensinou que a misericórdia precisa primeiro ser aplicada para dentro antes de irradiar para fora, e que o amor distorcido pelo perfeccionismo se transforma em culpa, enquanto o amor temperado pela humildade se transforma em liberdade.

Porque perdoar a si mesmo não é apagar o passado, mas permitir que o amor continue sua obra através de nós.

Quando saímos de seus corredores, algo em nós já não é o mesmo. A arquitetura da autodenúncia começa a rachar. O ar parece diferente — mais leve, e ao mesmo tempo mais intenso.

Para além do labirinto encontra-se outro elemento.

Se o Véu refinou a percepção e o Labirinto purificou a consciência, aquilo que nos espera agora não é navegação, mas combustão.

O prisma recolhe novamente sua luz.

Adiante ergue-se o Fogo.

Capítulo 14 | O Fogo

A Perda como Iniciação

Se o Labirinto exigiu a coragem do perdão, o Fogo exige algo ainda mais interior. Ele não nos pede que simplesmente passemos por ele; pede que sejamos transformados.

Chega um momento no luto em que as perguntas se aquietam, em que a culpa começa a afrouxar seu domínio e até mesmo a saudade se torna mais suave. No entanto, um movimento profundo continua a agir sob a superfície. A perda já alterou a forma exterior da vida; agora começa a reestruturar o interior da alma. O prisma se concentra. Aquilo que estava difuso torna-se intenso. O que estava disperso começa a reunir calor.

O fogo não é apenas destruição; é refinamento. É o elemento através do qual a forma é provada e a essência revelada. No pensamento alquímico clássico, a transformação ocorre em estágios distintos. Primeiro vem a dissolução — o desmantelamento das estruturas anteriores. Aquilo que parecia estável se desfaz. Identidades que pareciam coerentes revelam suas fissuras ocultas; certezas derretem. O eu que existia antes da perda já não pode permanecer intacto. Embora esse colapso pareça catastrófico, ele marca o início necessário de uma nova configuração.

Depois vem a clarificação. Após a ruptura, aquilo que é essencial começa a separar-se daquilo que era apenas hábito. As ilusões se tornam mais finas. As motivações se tornam transparentes. O superficial perde peso. Valores antes tomados como evidentes passam a ser reconsiderados. O luto aguça a percepção. Aquilo que realmente importa emerge em relevo.

Por fim, vem a integração. A vitalidade retorna — não como restauração do antigo eu, mas como emergência de um eu refinado. A vida continua, embora não da mesma forma. Algo mudou de maneira irreversível. A personalidade se reorganiza em torno de prioridades mais profundas. O Espírito segue adiante carregando tanto a memória quanto a transformação. O luto frequentemente segue esse arco: colapso, clareza, reconfiguração. Ele não nos devolve àquilo que éramos; convida-nos a descobrir aquilo que estamos nos tornando.

Isso não é punição; é purificação.

O luto queima as ilusões de permanência. Despoja o ego de sua suposição silenciosa — a crença de que a existência deve ajustar-se às nossas expectativas. Expõe a ideia oculta de que o amor poderia nos proteger da impermanência. No calor do sofrimento, aquilo que é falso não resiste. Ambições que antes nos consumiam perdem urgência. A necessidade de dominar cede lugar ao desejo de compreender. O que sobrevive não é o que fazia mais alarde, mas o que era mais verdadeiro.

Uma antiga imagem da tradição hebraica aprofunda essa metáfora: Moisés encontra uma sarça que arde, mas não se consome. A chama revela a presença do Eterno sem destruir a planta. O fogo sagrado, nessa narrativa, não aniquila a essência; ele a revela. Da mesma forma, o fogo moral do luto não extingue o Espírito. Ele revela aquilo que em nós não pode ser consumido.

Contudo, a transformação não é automática. Em todo fogo interior chega um momento em que surge a tentação de recuar — anestesiar-se, endurecer, fechar-se. A chama pode purificar, mas também pode calcificar. O que determina o resultado não é a intensidade do calor, mas a disposição de permanecer presente dentro dele. O fogo convida à entrega, não ao colapso; à participação, não à resistência. A atitude da alma faz diferença.

O ser humano não é uma estrutura acabada, mas uma consciência em desenvolvimento. Cada experiência — alegre ou devastadora — deixa sua marca na arquitetura moral do eu. Se recebida com revolta, a dor se endurece em amargura. Se recebida com reflexão, aprofunda-se em sabedoria. O fogo não escolhe por nós; ele revela aquilo que escolhemos.

A metalurgia oferece outra analogia silenciosa. O metal bruto extraído da terra contém ao mesmo tempo substância e impureza. Quando colocado no forno, o calor não cria valor — ele o revela. Sob intensidade contínua, as distorções se alinham e os elementos ocultos se separam. O aço adquire resistência não evitando o fogo, mas passando por ele repetidas vezes, temperado por ciclos de aquecimento e resfriamento. Sem esse processo, permanece frágil; com ele, adquire uma força que é ao mesmo tempo firme e flexível. Assim também ocorre com o Espírito: o luto, quando conscientemente integrado, produz uma profundidade que a inocência intacta não poderia gerar.

O mito da Fênix expressa simbolicamente essa transformação. Nas tradições antigas, a Fênix não simplesmente se incendeia; ela se prepara. Ao aproximar-se do fim de seu ciclo de vida, reúne ramos perfumados e constrói um ninho. De dentro dessa estrutura surge a ignição. O fogo não é imposto de fora; ele surge como parte natural do ciclo da vida. Quando as chamas se apagam, a Fênix emerge de suas próprias cinzas — não como repetição, mas como continuidade transformada.

As cinzas não são resíduos estranhos; são os vestígios de uma identidade anterior. Nada essencial se perde, mas nada retorna exatamente igual. O mito dignifica a transformação em vez de glorificar a destruição. A Fênix simboliza a individuação — a jornada do eu através da experiência em direção a uma maior coerência. Seu renascimento não é fuga do sofrimento, mas evolução através dele.

Da mesma forma, o Espírito humano não contorna a dor. Ele evolui atravessando-a. Cada luto marca um limiar. Algo precisa arder — não o núcleo do ser, mas as rigidezes que o aprisionavam. Expectativas se dissolvem. O controle abdica de seu trono. O orgulho cede lugar à perspectiva. O que surge depois não é invulnerabilidade, mas profundidade.

Dentro de uma visão progressiva do Espírito, nenhuma experiência se perde. O sofrimento não desce como punição arbitrária; funciona como aceleração. Aquilo que talvez exigisse anos de amadurecimento gradual às vezes se realiza em um único encontro com a perda. O fogo comprime o tempo. Ele precipita a maturidade. Remove o excesso para que a essência permaneça. Aquilo que antes feriu, quando assimilado com consciência, transforma-se em discernimento. O que antes desestabilizou torna-se estrutura.

O fogo não apenas refina o indivíduo; ele o alinha com uma ordem moral mais ampla. O que se queima não são apenas ilusões, mas também as resistências à realidade. O que permanece é um eu mais afinado ao ritmo ético da própria existência — menos reativo, menos autocentrado, mais equilibrado em suas respostas. O Espírito começa a ressoar com algo maior que sua narrativa pessoal.

Isso não é exaltação do sofrimento; é reconhecimento de seu poder formador. A devastação pode tornar-se matéria para reconstrução em outro nível. O coração, uma vez aberto pela dor, não se contrai — amplia sua capacidade de profundidade. Quem enfrentou a impotência compreende os limites sem desesperar. Quem renunciou ao controle aprende a confiar sem ingenuidade.

Se o Véu revelou a continuidade além da morte e o Labirinto restaurou a integridade da consciência, o Fogo revela a continuidade dentro do próprio ser. Não somos despedaçados pelo luto; somos reconfigurados por ele. A escória do ego se torna mais fina. A coerência do Espírito torna-se visível. A identidade passa a apoiar-se menos nas circunstâncias e mais no alinhamento ético.

Quando as chamas se acalmam, o que permanece é um eu mais transparente para si mesmo — mais livre de ilusões, mais firme em seu eixo interior, menos vulnerável às agitações triviais. O que começou como ruptura torna-se refinamento. O que começou como impotência torna-se humildade. O que começou como perda torna-se luminosidade.

O fogo não apaga o luto. Ele o consagra. E aquilo que é consagrado não permanece cinza. Aquilo que atravessa o forno adquire densidade — silenciosa, duradoura, radiante. Torna-se menos suscetível à corrosão. Brilha não porque escapou das chamas, mas porque passou por elas. No cadinho da dor, algo incorruptível começa a tomar forma.

Talvez seja por isso que tantas tradições antigas chamavam esse processo de iniciação: não um castigo da vida, mas a passagem através da qual a alma descobre sua verdadeira estatura.

O prisma reúne novamente sua luz: da dissolução nasce a clareza, da clareza nasce a integração, e da integração emerge algo duradouro. E essa substância duradoura — refinada pelo fogo, temperada pela experiência e alinhada a uma ordem moral maior — começa a adquirir a silenciosa incorruptibilidade do ouro.

Capítulo 15 | O Ouro

O Luto Transformado em Compaixão

No antigo mito sumério de Inanna, a Rainha do Céu decide abandonar seus templos e descer ao Reino Subterrâneo — o domínio governado por sua irmã, Ereshkigal. Inanna prepara-se para essa jornada vestindo seus mais ricos adornos reais: uma coroa de ouro, um colar de lápis-lazúli e anéis dourados nos dedos. Traz consigo também o bastão de medida do poder, símbolo de seu status e autoridade.

No entanto, as leis do mundo subterrâneo são absolutas, e em cada um dos sete portões o guardião Neti exige um tributo. No primeiro portão, ela deve entregar sua coroa; no segundo, seu colar; no terceiro, seus anéis dourados. Portão após portão, sua realeza é despojada, até que, ao chegar diante do trono dos mortos, encontra-se nua e curvada. Já não é uma rainha definida por seus ornamentos; é uma alma reduzida à sua substância essencial.

Ela morre nessa escuridão. Mas, quando finalmente ressuscita e retorna ao mundo superior, algo mudou. Ela volta a usar o ouro, mas agora ele já não define seu poder — ele apenas testemunha sua sobrevivência. Inanna passou do ouro da decoração para o ouro da destilação.

Nas profundezas desse "Reino Subterrâneo", a alma frequentemente pergunta se está sendo punida. Quer estejamos lamentando a morte de um companheiro amado, a perda de uma carreira construída ao longo da vida ou o enfraquecimento da própria saúde, o primeiro impulso do ego é interpretar a dor como uma perseguição singular ou um fracasso cósmico. Sentimo-nos diminuídos, como se a luz do mundo tivesse sido retirada como um veredito contra nós.

O Ouro, porém, sugere uma realidade diferente. Essa descida não é uma sentença, mas uma iniciação. É o processo pelo qual o Espírito passa de uma "decoração" de virtudes — aquelas gentilezas que praticamos quando a vida é fácil — para uma "destilação" do caráter. Descobrimos que não conquistamos sabedoria evitando a escuridão; conquistamo-la permitindo que a escuridão revele aquilo que em nós é indestrutível.

Essa destilação é obra do forno. Se o Fogo purifica, o Ouro permanece. Aquilo que passou pelas chamas não retorna igual, mas tampouco desaparece; algo foi reduzido, enquanto algo mais silencioso se condensou. O calor diminuiu, mas seu trabalho permanece inscrito na própria estrutura da alma, transformando o que antes era intensidade em densidade, e o que antes ardia em uma substância estável e duradoura.

O ouro não é fabricado pelo fogo; ele é revelado por ele. No minério bruto coexistem valor e impureza, fundidos inseparavelmente, e o forno não cria o valor — ele o separa. Sob calor constante, aquilo que não resiste se dissolve, deixando para trás um elemento coeso, resistente à corrosão e capaz de suportar grande peso sem se quebrar. Sua força não está na rigidez, mas na integridade.

Assim acontece com o espírito humano quando o luto é conscientemente atravessado.

Nesse estágio, a compaixão já não é apenas uma reação emocional ou um impulso súbito de identificação. Ela se torna estrutural. Quem sofreu já não precisa imaginar o sofrimento alheio para reconhecê-lo; consegue perceber seu tom específico no silêncio de um vizinho, ou ler seu contorno na fala contida e no cansaço discreto de quem tenta manter a compostura.

A presença dessa pessoa adquire uma gravidade particular — não o peso opressivo de um fardo, mas uma solidez profunda que serve de âncora para aqueles que ainda estão na tempestade. O ouro não cintila com a agitação nervosa do ego; ele simplesmente irradia calor.

A perda não é apagada; é iluminada.

Essa é a versão da alma do Kintsugi, a arte japonesa de reparar cerâmicas quebradas com laca misturada a pó de ouro. Nessa tradição, o artesão não tenta esconder as fraturas nem devolver o objeto à sua aparência original. Fazer isso seria negar sua história. Em vez disso, a ruptura é destacada. O objeto é restaurado em um estado de maior valor, onde o ouro conta a história de sua resistência.

Há uma coragem silenciosa em mostrar essas fissuras. O ouro que as preenche é aquilo que permitiu à alma permanecer em pé quando tudo parecia ruir.

Ele testemunha uma história única e irrepetível, pois o desenho de cada reparo jamais será igual ao de outro.

Percebemos então que nossas cicatrizes são, na verdade, nossas credenciais mais verdadeiras.

Quando o luto é integrado, as emendas da nossa vida deixam de ser marcas de vergonha e tornam-se veios de metal precioso que mantêm os fragmentos unidos. O valor do espírito já não se encontra em sua integridade original, mas na beleza de sua reparação.

O luto passa a fazer parte da arquitetura moral do eu. Em vez de exilado, ele é incorporado. E, por ser incorporado, deixa de desestabilizar a identidade — torna-se fundamento.

Desse fundamento nasce uma disponibilidade discreta: a capacidade de permanecer calmo quando outros tremem, de manter a paciência quando outros se desorganizam. É assim que o luto se transforma em serviço sem anúncio — não necessariamente por meio de grandes gestos de sacrifício, mas por meio da postura, da confiabilidade e da recusa em ampliar o caos. É a capacidade de sustentar tensão sem transmiti-la.

O ouro se dobra; não se estilhaça. Cede sem se desintegrar.

Da mesma forma, o espírito amadurecido deixa de ser frágil, pois abandonou a ilusão de que o controle garante segurança. Tendo enfrentado a impotência, já não teme a vulnerabilidade da mesma maneira. Força e ternura finalmente passam a coexistir.

A experiência redistribui o peso interior. O sofrimento pessoal deixa de parecer uma injustiça isolada e passa a ser compreendido como parte de uma herança humana compartilhada. Esse reconhecimento não diminui a dor; ele a contextualiza.

Quando passamos a ver as fissuras nos outros, não respondemos com pena, mas com empatia profunda, reconhecendo em sua luta o mesmo ouro que sustenta nossa própria alma.

Ao contextualizar a dor, o ressentimento começa a perder o ar que o alimentava. A adversidade deixa de ser interpretada como perseguição pessoal e passa a ser entendida como participação em uma condição humana maior.

A compaixão se expande pelo reconhecimento.

Quando o excesso do ego se dissolve, a necessidade frenética de defender uma identidade rígida enfraquece. Já não precisamos da validação constante do mundo para permanecer de pé. A incompreensão fere menos do que antes, e as ofensas perdem sua aspereza imediata; o terreno interior tornou-se mais estável.

O ouro é considerado nobre não porque seja intocável, mas porque sua própria natureza resiste à corrosão comum. Na química, um metal nobre é aquele que resiste aos ácidos e ao ar que fazem outros metais se degradarem.

Enquanto outros metais reagem ao ambiente — enferrujando ou manchando — o ouro permanece essencialmente o mesmo.

Da mesma forma, o espírito refinado pelo forno do luto torna-se menos reativo às fricções da vida cotidiana. Tendo suportado o calor maior, as pequenas faíscas do dia a dia — contrariedades, inconvenientes, injustiças menores — já não encontram "oxigênio" suficiente na alma para incendiar um novo fogo.

Ele não se endurece; ele se estabiliza.

Esse é o sinal de um eu integrado: ele não se retrai numa carapaça de indiferença, mas repousa em um núcleo de presença. Surge então uma libertação silenciosa e profunda. O eu já não está preso à impossível restauração do passado nem assombrado pela imagem de quem "era antes". Ele se orienta inteiramente pela coerência no presente.

Ambições antes alimentadas pelo desejo de escapar da mortalidade tornam-se mais proporcionais. Desejos antes ansiosos começam a se aquietar. A balança se desloca decisivamente da aquisição para o sentido, da performance do ego para a autenticidade do espírito, do impulso de possuir para a graça de participar.

A vida passa a ser segurada de outra maneira: com plena consciência de sua transitoriedade e, por isso mesmo, com maior cuidado. Sabendo quão facilmente o vaso pode quebrar, já não o apertamos com um punho rígido; seguramo-lo com a palma aberta e firme.

Essa transformação de valores também altera profundamente nossa relação conosco mesmos, resolvendo a crise de utilidade que encontramos na Faceta Amarela. Quando títulos, status ou vigor juvenil nos são retirados — assim como os adornos de Inanna nos portões — somos forçados a encontrar o Espírito que permanece sob os papéis temporários.

Aqui, a compaixão torna-se também um ato de justiça interior. Aprendemos a ser tão pacientes com nossas próprias limitações quanto somos com as dos outros. Deixamos de punir a alma por sua suposta "improdutividade" e passamos a honrar sua simples presença luminosa.

Ao perdoarmos as inevitáveis imperfeições do nosso estágio evolutivo, permitimos que a voz autêntica das emoções se manifeste sem autocondenação. Já não reprimimos os sentimentos para sustentar uma persona; passamos a escutá-los com o coração de um pai ou mãe sábio.

Essa ternura interior rapidamente se estende a todas as circunstâncias da vida.

Aquilo que antes chamávamos de "caridade" como dever social torna-se um movimento espontâneo da alma. Já não servimos para provar valor, mas porque reconhecemos nossa vulnerabilidade compartilhada em todos os seres que percorrem o mesmo caminho.

A compaixão, nesse estágio, é durável. Ela não depende de intensidade emocional, mas se expressa na constância silenciosa da paciência, da moderação e da confiabilidade.

O ouro não anuncia seu valor; ele simplesmente permanece. E, ao permanecer, torna-se refúgio.

Os outros percebem esse clima interior diferente — não como brilho ou superioridade, mas como segurança. Há menos volatilidade, menos brusquidão, menos necessidade de dominar o espaço. O calor substitui o brilho ofuscante.

A dor que antes ameaçava fragmentar a identidade agora a reorganizou. O que começou como desestabilização tornou-se orientação; o que começou como ardor tornou-se coesão.

O eu torna-se menos impressionado pelo espetáculo e mais atento à substância, menos reativo à turbulência e mais sensível à proporção.

O ouro lembra o fogo, mas já não é a chama.

Nesse estágio, o luto já não é um adversário; é parte da biografia da alma. Ele deixou marcas — mas essas marcas não são feridas que reabrem; são as emendas que sustentam.

Porque aquilo que foi purificado pelo sofrimento deixa de ser apenas memória e torna-se caráter.

O espírito passa a habitar o mundo de maneira diferente. Não invulnerável, e certamente não imune a futuras perdas, mas menos facilmente desfeito. Menos surpreendido pela impermanência. Mais capaz de permanecer presente sem sucumbir ao desespero.

Aquilo que sobrevive ao forno adquire densidade — silenciosa, duradoura, luminosa. Torna-se exemplo vivo de valor e de resistência. Brilha não porque evitou o sofrimento, mas porque atravessou suas chamas sem se dissolver em amargura.

Isso não é conquista; é consolidação.

O eu não superou o luto; ele o incorporou. Carrega memória sem corrosão, perda sem fragmentação e ternura sem fragilidade.

Porque agora o ouro preenche as fissuras, a luz do mundo já não atravessa a alma sem ser transformada: ela toca as emendas e reflete nas bordas do reparo.

E dessa substância duradoura, a luz começará agora a refratar de outra maneira — preparando o reencontro final entre cor e claridade.

Capítulo 16 | A Luz Reintegrada

A Harmonia do Ser

Nas antigas histórias, Íris era a deusa do arco-íris — uma mensageira alada que transitava entre as alturas do Olimpo e as profundezas do mundo humano. Ela não representava apenas o sol nem apenas a tempestade, mas a ponte cintilante criada quando ambos se encontram. Era a prova de que a luz dos céus podia tocar o solo da terra sem perder sua divindade. Caminhar pelo caminho de Íris é compreender que o arco-íris não é uma fratura do céu, mas sua expressão mais plena.

Concluímos nosso itinerário onde ele começou: no mistério da luz. Iniciamos esta jornada como um único e simples feixe — um sopro do Criador, uma semente luminosa que carregava vastas potencialidades, mas ainda pouca autoconsciência. Naquele início, não valorizávamos a luz porque jamais havíamos conhecido a sombra. Éramos um casulo de possibilidades, uma semente guardada em segurança, aguardando que a resistência do mundo provocasse nossa metamorfose.

Depois de atravessar o azul da infância, o vermelho do desejo, a escuridão da depressão e o ouro do serviço, chegamos ao estado da Luz Reintegrada. No mundo físico existe um fenômeno conhecido como Disco de Newton. Quando um círculo pintado com todas as cores do espectro gira em grande velocidade, os matizes individuais — os vermelhos, os violetas, os verdes — desaparecem repentinamente. Eles não se dissolvem no nada; fundem-se novamente em um branco puro e radiante.

Na paisagem da alma, esse é o estado da Maturidade Interior. Trata-se de uma paz que não nasce da ausência de conflito, mas da integração harmoniosa de todas as tonalidades da experiência vivida. Como observou o antigo sábio Lao-Tsé, uma jornada de mil milhas começa com um único passo. Essa plenitude não é alcançada por um salto repentino, mas pela coragem silenciosa da perseverança — a decisão de continuar caminhando pelas diferentes cores da vida até que elas comecem a se fundir.

Se alguém estiver disposto a dar esse passo agora, mesmo sentindo-se fragmentado, logo perceberá que está se unindo a uma silenciosa e magnífica procissão de pessoas que também atravessaram essas mesmas facetas da dor. São indivíduos que escolheram permanecer de pé, mesmo com suas fissuras. Eles não escondem sua história; irradiam de dentro uma luz singular, refinada justamente pelas dificuldades que quase a extinguiram. Ao aprender a amar a si mesmos, incluindo cada parte ferida de sua história, tornam-se faróis para outros, demonstrando que a reparação muitas vezes é mais bela do que o vaso original.

O ensinamento final do prisma é uma verdade sóbria e radiante: o luto nunca desaparece completamente; ele se transforma. A dor que antes cegava dá lugar a uma nova percepção da profundidade da vida. O mundo torna-se mais claro porque suas sombras foram mapeadas, e o amor é sentido com maior intensidade quando sua transitoriedade é compreendida. Nesse limiar final surge a realização da grande vitória do ser: o amor é independente da forma.

Ao longo desta jornada houve luta sempre que os "invólucros" da vida mudaram — quando o corpo falhou, o trabalho terminou ou alguém partiu. Contudo, na Luz Reintegrada, esses invólucros passam a ser vistos como recipientes temporários de uma essência eterna. Essa é a paz do viajante que atravessou a cadeia de montanhas e agora pode olhar para picos e vales com igual gratidão, compreendendo finalmente que a faceta escura foi tão necessária quanto o ouro. Sem a descida, a semente jamais teria encontrado força para romper sua casca e alcançar o sol.

Essa transformação é a sagração da alma pela própria espada de sua dor. Enfrentar a escuridão e recusar que ela endureça o coração é a mais alta realização de um ser humano. É chegar a um estado de coerência luminosa, onde a voz das emoções finalmente é ouvida e integrada. Já não se teme o espectro das cores, porque se compreende que somos o próprio espectro.

A grande ilusão da experiência humana é acreditar que a perda destrói uma vida. Sentimo-nos fragmentados, diminuídos, incompletos. Contudo, ao final desta jornada, ao contemplar o Prisma do Luto, a verdade se revela:

O prisma não quebra a luz;

ele revela o que a luz sempre conteve.

A luz branca parece simples até tocar o vidro; somente então surgem os azuis ocultos, os vermelhos secretos e os ouros enterrados.

Da mesma forma, uma vida sem perdas pode parecer inteira, mas permanece não revelada. Seus talentos permanecem ocultos; sua divindade continua sendo apenas uma teoria. É somente quando o amor encontra a resistência da morte, da mudança e do tempo que a verdadeira complexidade e beleza do caráter se tornam visíveis. O luto não retirou a luz; ele obrigou a luz a revelar suas cores. Aquilo que antes parecia quebra agora é compreendido como expansão.

Antes de retornarmos ao mundo, levemos conosco a sabedoria do vento.

Há uma antiga história sobre um Carvalho e um Junco que cresceram lado a lado, ilustrando a lição final de nossa jornada: a força da fluidez. O Carvalho era magnífico, com seu tronco espesso e seus galhos inflexíveis. Orgulhava-se de sua inflexibilidade, fincando raízes com uma firmeza que parecia desafiar os elementos. Ao observador, o Carvalho representa a rigidez do ego — aquela parte de nós que acredita que sobreviver significa permanecer inalterado.

Quando as brisas suaves sopravam, o Carvalho permanecia imóvel, zombando do delicado Junco que se curvava e tremia a cada sopro.

Mas então veio a Grande Tempestade — o tipo de dor que põe à prova a própria arquitetura da existência. O Carvalho, confiando em sua rigidez, recusou-se a ceder. Enfrentou a violência do vento com toda a força de seu orgulho, até que a tensão se tornou insuportável e seu poderoso tronco se partiu. O Carvalho caiu, não por ser fraco, mas por ser incapaz de dobrar-se.

O Junco, entretanto, sobreviveu. Ele representa a flexibilidade do espírito, que não sobrevive por ser mais forte que o vento, mas por ser mais verdadeiro diante dele. O Junco reconheceu as exigências do momento; curvou-se, acompanhou a curva da tempestade e permitiu-se ser momentaneamente levado pelo vendaval. Ao observador parecia derrotado, quase subjugado. Mas quando a tempestade passou, o Junco simplesmente voltou a erguer-se.

Permaneceu parte da paisagem, enraizado profundamente no solo de sua humildade, pronto para acolher novamente as cores da luz que compõem cada novo dia.

Frequentemente confundimos rigidez com força e vulnerabilidade com fraqueza. Mas a Luz Reintegrada nos ensina que a verdadeira resiliência é a capacidade de fluir com o itinerário transcendental da vida. Como o Junco, não precisamos ser inquebráveis; precisamos apenas ser inquebrantáveis em nossa essência.

Ao nos curvarmos diante das dores do mundo sem permitir que elas endureçam o coração, demonstramos que as virtudes — mesmo quando silenciosas e invisíveis — são as raízes mais fortes que existem.

Você não é o Carvalho, despedaçado pelo peso daquilo que não pôde controlar.

O Prisma da Alma

Você é o Junco — vivo, resistente e eternamente banhado pela ponte cintilante do arco-íris.

A jornada através do prisma está completa. As cores foram vistas, os mitos foram vividos e o fio foi desatado. Saímos destas páginas de volta ao mundo não para encontrar a luz, mas para nos tornarmos a luz.

Pois no coração da Luz Reintegrada já não existe separação — apenas a presença infinita, vibrante e eterna do amor.

Reserve um momento agora para olhar para a sua própria vida através do prisma.

Não procure o que falta.

Reconheça o que foi revelado.

Suas lágrimas testemunharam sua capacidade de profundidade.

Sua culpa revelou seu desejo secreto de fazer o bem.

Seu serviço manifestou sua própria divindade.

Você é a luz.

Sempre foi a luz.

O prisma apenas ajudou você a enxergá-la.

Leituras Recomendadas

Fundamentos da Filosofia Espírita

- **Kardec, Allan. O Livro dos Espíritos.**

  A obra fundamental da Doutrina Espírita, essencial para compreender a imortalidade do Espírito. (Publicado pela FEB juntamente com o Conselho Espírita Internacional).

- **Kardec, Allan. O Evangelho Segundo o Espiritismo.**

  Um guia profundo para a transformação moral necessária para encontrar paz em meio ao sofrimento. (Publicado pela FEB juntamente com o Conselho Espírita Internacional).

- **Kardec, Allan. O Céu e o Inferno.**

  Apresenta uma perspectiva racional sobre a transição entre os planos de existência e a lei de causa e efeito. (Publicado pela FEB juntamente com o Conselho Espírita Internacional).

- **Kardec, Allan. O Livro dos Médiuns.**

  Para aqueles que desejam compreender os mecanismos da comunicação entre as dimensões física e espiritual. (Publicado pela FEB juntamente com o Conselho Espírita Internacional).

- **Xavier, Francisco Cândido (Espírito: André Luiz). Nosso Lar.**

  Um relato vívido da vida no mundo espiritual e

da continuidade do serviço após a morte. (FEB)

- **Xavier, Francisco Cândido (Espírito: André Luiz). Evolução em Dois Mundos.**

  Um estudo técnico e ao mesmo tempo reconfortante sobre a interação entre o Espírito e a vida biológica.(FEB)

  A Série Psicológica de Joanna de Ângelis

- **de Ângelis, Joanna (Espírito) / Franco, Divaldo. Plenitude.**

  Um texto essencial para encontrar significado transcendental nas transições mais difíceis da vida. (Publicado pela Editora LEAL).

- **de Ângelis, Joanna / Franco, Divaldo. Autodescobrimento: Uma Busca Interior.**

  Um guia para navegar a jornada do ego ao Espírito. (Publicado pela Editora LEAL).

- **de Ângelis, Joanna / Franco, Divaldo. O Homem Integral.**

  Constrói pontes entre a psicologia moderna e a natureza eterna da alma. (Publicado pela Editora LEAL).

- **de Ângelis, Joanna / Franco, Divaldo. Conflitos Existenciais.**

  Oferece profundas reflexões sobre as sombras e os medos que obscurecem nossa luz interior. (Publicado pela Editora LEAL).

- **de Ângelis, Joanna / Franco, Divaldo. O Despertar do Espírito.**

  Aborda o processo de maturidade que permite à

alma reivindicar sua herança divina. (Publicado pela Editora LEAL).

- **de Ângelis, Joanna / Franco, Divaldo. Momentos de Saúde e Consciência.**

  Explora a profunda relação entre equilíbrio psicológico e saúde espiritual. (Publicado pela Editora LEAL).

  Psicologia Analítica, Mitologia e Sentido Existencial

- **Jung, Carl G. Os Arquétipos e o Inconsciente Coletivo.**

  Uma porta de entrada para compreender os símbolos universais — como a Sombra e a Persona — que emergem em nossas crises.

- **Jung, Carl G. O Homem Moderno em Busca de uma Alma.**

  Uma obra fundamental sobre a "tarde da vida" e a transição da ambição material para o significado espiritual.

- **Frankl, Viktor E. Em Busca de Sentido.**

  Escrito a partir das profundezas do sofrimento humano, este livro demonstra que o sentido é a âncora mais poderosa da existência.

- **Campbell, Joseph. O Herói de Mil Faces.**

  Apresenta o sofrimento pessoal como parte da jornada universal do herói em direção a uma vida mais profunda.

- **Hillman, James. A Força do Caráter e a Vida Duradoura.**

Uma reflexão poética sobre como o envelhecimento e as perdas moldam o verdadeiro caráter.

- **Hollis, James. Encontrando Sentido na Segunda Metade da Vida.**

  Um guia compassivo para aqueles que enfrentam a "passagem do meio" e a crise de identidade.

- **Yanagi, Soetsu. O Artesão Desconhecido.**

  Apresenta o coração filosófico da estética japonesa que inspira a metáfora do Kintsugi e a beleza do imperfeito.

Sobre a Autora

Jussara Korngold é autora, educadora e uma líder internacionalmente reconhecida na interseção entre espiritualidade e serviço humanitário. Ao longo de mais de trinta anos, tem conciliado uma sólida carreira nas áreas de finanças e filantropia com um profundo compromisso com o estudo, a prática dos ensinamentos espíritas e a evolução do Espírito.

Poliglota, fluente em quatro idiomas, Jussara atua como Secretária-Geral do Conselho Espírita Internacional (ISC). Nas últimas duas décadas, tem se destacado como uma das principais lideranças do movimento espírita nos Estados Unidos, tendo atuado como executiva e ex-presidente da United States Spiritist Federation.

Seu trabalho filantrópico já foi reconhecido pela Vogue, e ela foi incluída pela New York Magazine na lista Fifty Faces of New York's Religious Plurality, sendo destacada como uma das vozes espirituais relevantes da cidade de Nova York e além.

Autora e tradutora prolífica, Jussara já editou mais de 70 volumes e atua como palestrante convidada no Menla Institute. Suas contribuições literárias para o estudo da alma se estendem por décadas, incluindo obras como Those Left Behind (2006), Eternal Voices (2011) e Transformação Interior (2020), além de sua obra mais recente, Transcendência: Vida Após a Morte (2024).

É também coapresentadora do podcast Psychology and Spirituality, no qual explta a convergência entre a psicologia analítica e a natureza imortal do espírito humano.

Por meio de seu trabalho, continua a construir pontes entre culturas, tradições e campos do conhecimento, oferecendo linguagem, sentido e reflexão para as transições mais profundas da experiência humana.

www.ingramcontent.com/pod-product-compliance
Lightning Source LLC
LaVergne TN
LVHW010102110826
845155LV00028B/447

* 9 7 8 1 9 4 8 1 0 9 5 0 5 *